AU POINT DE VUE SOCIAL

PAR

Le Lieutenant GUENNEBAUD

DOCTEUR EN DROIT

SAINT-BRIEUC

IMPRIMERIE RENÉ PRUD'HOMME

12, Rue Poulain-Corbion.

—

1906

LA VIE A LA CASERNE

AU POINT DE VUE SOCIAL

LA

VIE A LA CASERNE

AU POINT DE VUE SOCIAL

PAR

Le Lieutenant GUENNEBAUD

DOCTEUR EN DROIT

SAINT-BRIEUC

IMPRIMERIE RENÉ PRUD'HOMME

12, Rue Poulain-Corbion.

1906

BIBLIOGRAPHIE

Artigues. — *L'armée, son hygiène morale, son recrutement* (1867).

Art. Roé. — *Pingot et moi* Paris, Calman Lévy.

Bérenger (Henri). — *La Conscience nationale*. Paris, Armand Colin (1898).

Baudin. — *Forces perdues*. Paris, Ernest Flammarion.

Demongeot. — *Citoyen et soldat*. Paris, Flammarion.

Duclaux. — *L'hygiène sociale*. Paris, Félix Alcan (1902).

Duponchel. — *Rôle social de l'officier dans l'éducation physique*. Paris, Librairie militaire, Chapelot (1902).

Duruy (George). — *L'officier éducateur* (Leçons faites à l'Ecole polytechnique, janvier 1904). Paris, Chapelot.

Ebener. — *Conférences sur le rôle social de l'officier*, faites en 1901 aux élèves de l'Ecole spéciale militaire. Paris, Henri-Charles Lavauzelle.

Faguet. — *Problèmes politiques du temps présent* (1901).

Fouillée A. — *La France au point de vue moral*. Paris, Alcan (1900).

Fournier. — *Pour nos fils quand ils auront 18 ans*. Paris, Delagrave (1905).

Georges de Lys. — *Officier et soldat*. Paris, Havard (1897).

Herzeele. — *Le Problème des milices*. Paris, F. R. de Rudeval (1906).

Mahan. — *Le salut de la race blanche et l'empire des mers*, traduit par Jean Izoulet (1906).

Marazzi. — *L'armée de l'avenir*, traduit de l'italien par le capitaine Maurel. Paris, Charles Lavauzelle.

Marceau. — *L'officier éducateur national* (1905). Maison de la Mutualité, Saintes (Charente-Inférieure).

Meuriot (Paul). — *Des agglomérations urbaines dans l'Europe contemporaine* (1897). Thèse pour le Doctorat ès-lettres.

NOVICOW. — *L'expansion de la Nationalité Française*. Paris, Armand Colin (1903).

LE PLAY. — *La paix sociale après le Désastre selon la pratique des peuples prospères*. Tours, Mame et fils (1871-1876).

ROOSEVELT. — *La vie intense* (1897).

SIMON (PAUL). — *L'instruction des officiers, l'éducation des troupes et la puissance nationale*. Paris, Henri-Charles Lavauzelle.

THÉRY (Edmond). — *La Paix armée* (1903) précédée de *La France et la situation européenne*, par Eugène ETIENNE.

VACHER DE LA POUGE. — *Les sélections sociales*. Paris, Thorin et fils, A. Fontemoing, successeur (1896).

VIAUD. — *Conférences agricoles et morales*. Paris, Henri-Charles Lavauzelle.

PÉRIODIQUES ET DIVERS

Circulaires ministérielles.

Comité de défense des enfants traduits en justice : Rapports et vœux (1890-1900).

Rapport au Congrès antialcoolique de Paris (1899). VANDERVELDE : « *L'alcoolisme et les conditions du travail en Belgique* », publié par l'*Humanité nouvelle* (1899, p. 529).

Le Spectateur militaire (1904-1905). POTEZ : « *Le moral de nos soldats.* »

Numéro spécial de l'*Humanité nouvelle* : « *Une enquête sur la guerre et le militarisme* » (20 janvier 1899).

Revue mensuelle de la Ligue nationale contre l'alcoolisme : « l'*Etoile bleue* » (janvier-février-mars 1906).

Revue de Paris (octobre 1900). Michel CORDAY : « *Le Village* ».

Revue des Deux-Mondes (15 mars 1891). LIAUTEY : « *Du rôle social de l'officier dans le service militaire universel* ».

Revue d'Economie politique (avril 1899). E. VANDERVELDE : « *Les villes tentaculaires* ».

L'Avenir de la Mutualité, organe général des œuvres sociales.

LA VIE A LA CASERNE

AU POINT DE VUE SOCIAL

COMMENT L'AUTEUR COMPTE TRAITER CE SUJET

> « A l'obligation légale du service militaire
> « universel doit correspondre l'obligation
> « morale de lui faire produire les consé-
> « quences les plus salutaires au point de vue
> « social (1). »

Nous sommes donc amené à nous demander quels sont les inconvénients et les avantages de la vie militaire en temps de paix ?

Notre seule ambition est de contribuer à jeter quelque lumière sur cette question très complexe : d'une part, en répondant aux graves accusations portées contre la vie militaire ; d'autre part, en faisant sortir de l'ombre où parfois on les a laissés, les avantages d'une existence qui rapproche les différentes classes de la société.

Tel sera l'objet de cette étude que nous diviserons en quatre chapitres.

(1) Article anonyme paru, le 15 mars 1891, dans la *Revue des Deux-Mondes*.

PLAN GÉNÉRAL

CHAPITRE I.

Les inconvénients de la vie à la caserne au point de vue physique, tels qu'ils sont généralement présentés, et les remèdes qu'il comportent. — Les avantages au même point de vue et les moyens susceptibles de les mettre en valeur.

CHAPITRE II.

Inconvénients et avantages au point de vue moral.

CHAPITRE III.

Inconvénients et avantages au point de vue économique.

CHAPITRE IV.

Inconvénients et avantages au point de vue intellectuel, politique et social.

CONCLUSIONS que nous suggère la comparaison des inconvénients et des avantages de la vie militaire en temps de paix.

CHAPITRE I

Les inconvénients et les avantages de la vie à la caserne au point de vue physique.

LES INCONVÉNIENTS

De tous les côtés, tous les jours on nous les signale : tantôt sous la forme de critiques bienveillantes, et ce sont d'excellents stimulants vers le mieux faire ; tantôt sous la forme d'attaques violentes et passionnées qui n'ont d'autre résultat que d'obscurcir le débat et de jeter le doute dans certains esprits, le découragement ou le dégout dans un milieu où doivent régner la confiance et la cohésion.

Volumineux est le dossier de l'accusation, et nous en avons trouvé les principaux griefs exposés dans un numéro spécial d'une revue internationale : l'*Humanité nouvelle*, où l'acte d'accusation de la vie à la caserne a été dressé sous ce titre : *Enquête sur la guerre et le militarisme*.

Cette enquête poursuivie par M. Hamon, auteur de la *Psychologie du militaire professionnel*, a été faite au moyen des réponses obtenues au questionnaire suivant :

1° La guerre parmi les nations civilisées est-elle encore voulue par l'histoire, par le droit, par le progrès ?

2° Quels sont les effets intellectuels, moraux, physiques, économiques, politiques du militarisme ?

3° Quelles sont les solutions qu'il convient de donner dans l'intérêt de l'avenir de la civilisation mondiale, aux graves problèmes de la guerre et du militarisme ?

4° Quels sont les moyens conduisant le plus rapidement possible à ces solutions ?

Les réponses, au nombre de 138, sont en général intéressantes, puisqu'elles émanent de personnes de toute classe sociale, de toute profession, de toute opinion politique ou religieuse, et cela tant en France qu'à l'étranger.

Il est curieux de remarquer que c'est dans notre pays et en Italie que les réponses ont été les plus nombreuses :

Ont répondu :

En France..................	53	hommes	8	femmes.
Italie....................	24	—	»	—
Belgique..................	10	—	»	—
Allemagne.................	7	—	»	—
Angleterre................	8	—	3	—
Amérique..................	»	—	1	—
etc., etc.				

Dans cette étude nous ne retiendrons naturellement que les réponses faites à la 2° question :

Quels sont les effets physiques, moraux, intellectuels, économiques et politiques du militarisme ?

Prenons d'abord dans chaque réponse les passages relatifs aux inconvénients physiques :

1° Mlle ***Elisabeth Renaud***. Française, institutrice, p. 101. Elle cite M. Edouard Drumont :

« Pour ce qui est des effets physiques, les aliments sont de mauvaise qualité, l'air des chambrées est malsain, les soins préventifs nuls ou à peu près, selon l'intelligence ou la brutalité des chefs ; les forts résistent, les faibles succombent ou reviennent malades souvent pour la vie. »

2° Mme ***Marya Chéliga***. Polonaise, Vice-Présidente de la Ligue des Femmes pour le désarmement international, p. 152 :

« Les effets physiques sont bien connus : en temps de paix, insolations, membres cassés, maladies diverses. »

3° Mme ***Barbara Volchinnikof***. Etudiante russe, p. 245 :

« Les effets physiques du militarisme sont assez curieux. »

4° *Alfred Fouillée*. Français, Membre de l'Institut de France, p. 53 :

« Au point de vue physique ils rapportent des maladies de toutes sortes qui finissent par peser sur des générations entières. »

5° *Louis Guétant*. Français, ouvrier relieur, p. 62 :

« Quant aux effets physiques, l'on ne saurait nier que quelquefois ils sont salutaires, arrachant à une vie trop sédentaire de jeunes hommes que leurs penchants ou leur profession y confinaient. J'ai, pour ma part, vu des santés chancelantes sortir fortifiées de cette épreuve. Mais ce sont les exceptions, et le seul fait que l'autorité militaire choisit les plus sains, les plus robustes, et laisse à la vie civile tous les individus qui lui paraissent atteints d'infirmités ou de névrose, et que néanmoins l'état pathologique est plus mauvais dans le monde militaire que dans le civil, que la mortalité est d'une moyenne supérieure, ce fait suffit pour attester que l'amélioration est exceptionnelle, mais que la généralité se traduit par une dépression des forces de résistance. Et encore laissons-nous de côté (car on ne peut tout dire) le plus grave de la question : la propagation par l'armée des maladies contagieuses. »

Telles sont les premières objections. Elles nous paraissent assez graves a priori pour mériter d'être retenues et discutées dans une section première.

SECTION I

Malgré la sélection faite par l'autorité militaire : I. La morbidité est plus grande dans l'armée que dans la population civile. — II. Il en est de même de la mortalité. — III. Fréquence des maladies éruptives à la caserne. — IV. Propagation des maladies contagieuses par la caserne, en particulier de la tuberculose.

1° CRITIQUES GÉNÉRALES

Signalons d'abord en passant que la sélection n'est pas aussi efficace qu'on veut bien le dire, et surtout qu'elle n'est pas comparable à celle que peuvent faire les médecins militaires allemands (1).

(1) L'article 10 de la loi du 21 mars 1905, en organisant le dossier sanitaire, a diminué les chances d'erreur des Conseils de révision.

En effet, tandis qu'en France, en moyenne sur 5 conscrits, 3 sont déclarés bons pour le service, en Allemagne, c'est 1 sur 5, et il faut ajouter encore que la jeunesse allemande est plus entraînée que la nôtre par une forte éducation physique.

Nous pouvons remarquer d'autre part que certaines objections faites à la caserne au point de vue physique sont vagues : « Les effets physiques du militarisme sont assez curieux » — et que même les plus sérieuses ne sont pas appuyées par la parole d'hygiénistes éminents, ne reposent pas sur des statistiques ou des preuves irréfutables.

Enfin n'y a-t-il pas lieu de s'étonner que parmi les nombreux auteurs cités par l'*Humanité Nouvelle*, seul un pharmacien ait donné son avis sous une forme aussi vague que violente : « Le militarisme est la principale cause de la dégénérescence humaine ! » Ce seul fait prouverait-il que pour les médecins la vie à la caserne n'a pas d'inconvénients sérieux ; ou bien, si elle en a, elle présente par ailleurs des avantages qui priment de beaucoup les premiers.

Nous avons voulu nous en assurer, et à ce sujet, nous nous sommes adressé à un médecin.

Notre camarade, le Docteur Louis, médecin aide-major au 41e Régiment d'Infanterie, a bien voulu nous renseigner et nous communiquer le résultat de ses recherches et de ses observations personnelles que nous croyons de nature à infirmer les objections précédentes.

2° DISCUSSION DES OBJECTIONS ANTIMILITARISTES

I. — Morbidité plus grande.

a) La « morbidité infirmerie » est de 385 hommes pour 1.000 d'effectif par an. La « morbidité hôpital » est de 205 pour 1.000 d'effectif par an, soit un total de 590 pour 1.000. Peut-on comparer cette morbidité militaire avec la morbidité civile ? Assurément non, car on est dans l'impossibilité absolue de connaître exactement le chiffre des personnes assez malades pour demander les soins d'un médecin. On ignore en outre totalement le nombre des personnes assez indisposées pour interrompre leur travail, mais qui jugent inutile d'avoir recours aux bons soins des hommes de l'art.

A cet égard même, les statistiques des Sociétés de Secours mutuels ne peuvent donner que des indications trop générales.

Donc, il est impossible de connaître le chiffre exact des personnes indisposées et des personnes réellement malades dans le milieu civil.

Dans l'armée, au contraire, le soldat qui veut se faire exempter de service doit se présenter au médecin, alors même qu'il juge son indisposition peu grave et qu'il se garderait bien d'aller le consulter s'il était rendu à la vie civile. Aussi voit-on compter dans notre morbidité militaire des affections comme le coryza, la trachéïte, la diarrhée simple, les écorchures causées par la marche ou l'équitation, les furoncles..., toutes choses que les médecins civils sont rarement appelés à soigner. Elles augmentent notre statistique militaire dans de notables proportions.

b) Il y a encore un autre motif qui augmente le chiffre de notre morbidité. Il résulte de la situation même du médecin militaire vis-à-vis du soldat. Ce dernier peut s'adresser au médecin aussi souvent qu'il le veut ; il ne le paie pas (alors que dans la vie civile il n'en est pas de même). Il va donc le trouver avec le secret espoir que la plus petite indisposition, la plus petite écorchure l'exemptera de service. Même il recherche d'autant plus volontiers cette exemption que le travail qu'il fait ne lui rapporte rien, tandis que dans la vie civile une journée sans travail a des conséquences beaucoup plus graves au point de vue pécuniaire.

c) En outre, combien de soldats qui se présentent le matin à l'infirmerie ne sont que des « pseudo-malades » qui, désireux de se faire exempter d'une marche, d'une manœuvre, d'une revue, d'une corvée, accusent une maladie que le médecin ne peut pas vérifier séance tenante, par exemple, la céphalée, les douleurs stomacales, les douleurs rhumatismales, les coliques, la diarrhée, les points de côté, la courbature, etc... Cette catégorie de « speudo-malades » qui ne se rencontre pas dans le milieu civil, augmente encore dans une certaine proportion notre morbidité militaire.

d) Il y a enfin une cause qui a été mise en évidence ces dernières années par les médecins militaires. C'est la fréquence des « *cas frustres* » à la caserne.

Ordinairement les maladies se présentent avec un cortège symptomatique complet, spécial à chacune d'elles. Mais parfois il arrive que certains symptômes manquent ou sont atténués dans de notables proportions, si bien qu'on ne reconnait plus la maladie primitive. Ce sont ces cas que l'on appelle cas frustres. On juge de l'importance de ces cas frustres lorsque les symptômes qui viennent à manquer sont précisément ceux qui, d'habitude, attirent l'attention, par exemple la douleur, la fièvre, les éruptions cutanées, etc... Combien de rougeoles, de scarlatines, de fièvres typhoïdes passent ainsi inaperçues ? L'homme se sent à peine fatigué et continue son service : dans le milieu militaire, il est arrêté par la visite de santé mensuelle que subissent tous les hommes. Si un homme vient à fléchir un peu, il est signalé par ses chefs (officiers ou sous-officiers), envoyé d'office à l'infirmerie où on l'examine à fond et où l'on porte un diagnostic sérieux. Voici donc une série de maladies qui passent inaperçues dans le milieu civil, mais qui sont signalées et traitées dans le milieu militaire. Ces cas frustres sont inscrits sur nos registres comme des maladies franchement déclarées et encombrent nos statistiques militaires.

II. — Mortalité plus grande.

Peut-on comparer la mortalité civile avec la mortalité militaire ? Non, car il n'y a pas de statistique sanitaire civile sauf pour les grandes villes. Les chiffres de Bertillon ne sont qu'approximatifs. De 1867 à 1869 cet auteur a trouvé une proportion de 13 p. ‰ de décès dans l'armée et de 9 p. ‰ dans le milieu civil. Actuellement le recrutement n'est plus le même. A l'armée de métier formée de vieux soldats a succédé une armée nationale composée de jeunes recrues.

Ceux-ci, en raison de leur jeunesse et des règles d'hygiène suivies plus rigoureusement qu'autrefois, fournissent une proportion de décès beaucoup plus faible.

M. le Professeur Vincent, de l'Ecole d'application du Val-de-Grâce, a comparé la mortalité de jeunes parisiens de 20 à 25 ans et celle de notre armée. Dans le 1er cas la mortalité de 1886 à 1895 était de 14.15 p.‰. Dans le 2e cas, elle a oscillé pendant la même période de 6.12 à 6.08 p.‰. Actuellement (statistique militaire de 1902) elle est tombée à 4.24 p.‰.

III. — Maladies éruptives.

Elles sont fréquentes chez le soldat, c'est indéniable. Mais ce qu'il faut incriminer, ce n'est pas la caserne, mais l'âge du soldat. C'est un fait reconnu par tous les épidémiologistes que la plupart des maladies éruptives ont une prédisposition pour les personnes âgées de 20 à 25 ans. Ensuite, si l'on recherche l'endroit où le soldat s'est contaminé, on reconnait que 8 fois sur 10 ce n'est pas à la caserne, mais en permission, auprès de ses parents ou de ses amis. Il y récolte les germes de la rougeole, de la scarlatine, de la variole. Et puisque nous parlons de cette dernière maladie, qu'il nous soit permis de dire un mot de l'influence heureuse de la caserne dans l'extinction de ce terrible fléau. Tous nos hommes, en effet, sont vaccinés et revaccinés à leur arrivée au corps, au début de leur période d'instruction de réserve ou de territoriale, et sont immunisés ainsi contre l'infection varioleuse. On est arrivé ainsi à abaisser en 1902 à 0.10 p.‰ une morbidité de 94 p.‰ (Siège de Paris, 1870) et à 0.025 p.‰ une mortalité de 14 p.‰ (Siège de Paris 1870).

Enfin, n'y a-t-il pas lieu d'ajouter que les médecins ayant signalé que 8 fois sur 10 le soldat se contamine en permission, les mesures suivantes ont été prises (Circulaire du Ministre de la Guerre du 10 décembre 1902, concernant les mesures à prendre pour éviter la propagation dans l'armée des maladies épidémiques qui se produisent dans la population civile).

L'autorité militaire est informée par les Préfets régulièrement et périodiquement de l'éclosion de toute maladie contagieuse dans les différentes localités, de telle sorte qu'en cas d'apparition d'une épidémie, ces endroits infectés sont consignés aux permissionnaires. Au moment des grandes manœuvres, et avant d'arrêter définitivement la liste des cantonnements, pareille mesure est toujours prescrite et rigoureusement observée dans le but de réduire au strict minimum les chances de contagion par la vie commune avec la population civile. Prenons-nous nous-mêmes des précautions analogues quand nous formons un projet de villégiature? A certains égards, à la caserne, on s'occupe donc plus de la santé de nos enfants que nous-mêmes !

IV. — Tuberculose.

La question de la contagion de la tuberculose par la caserne est une de celles qui ont le plus passionné l'opinion publique. L'armée, a-t-on dit, est un foyer de contagion de tuberculose.

On s'est adressé à des statistiques et on a poussé des clameurs d'indignation en constatant qu'en 1902 il y a eu 4.828 cas de tuberculose dans l'armée (soit 7.7 p.°/₀₀ d'effectif), et que sur ce nombre il y a eu 424 décès (soit 0.87 p.°/₀₀ d'effectif). Mais si on consulte les statistiques civiles, on trouve un chiffre à peu près analogue. En France, chez les hommes âgés de 20 à 22 ans, la morbidité par tuberculose est de 8.7 p.°/₀₀ (Bertillon). Dans les autres pays, la proportion est à peu près la même. Les tables d'assurances allemandes donnent une morbidité de 9 p.°/₀₀ — les tables françaises 7.9 p.°/₀₀ — les tables américaines 7 p.°/₀₀. Donc la morbidité par tuberculose militaire, si l'on peut s'exprimer ainsi, est inférieure au chiffre officiel de la tuberculose civile, et ce fait est d'autant plus évident que ce chiffre officiel de la tuberculose civile est inférieur à la réalité.

En effet, on a l'habitude de n'appeler tuberculose dans la vie civile que la phtisie, c'est-à-dire cette forme de la bacillose qui frappe les poumons et qui, évoluant plus ou moins vite, donne la phtisie chronique ou la phtisie galopante. Or le bacille de Koch frappe bien d'autres organes que le poumon. La plèvre, le larynx, les méninges, les os, les articulations, le péritoine, les intestins, les reins, les organes génitaux n'échappent pas à la contamination. Souvent le médecin se contente de porter sur le bulletin de décès le diagnostic de laryngite, méningite, osteïte, arthrite, péritonite, néphrite, orchite, mais omet d'ajouter le qualificatif « *tuberculeuse* ». Donc voici une série de cas qui ne seront pas portés dans la statistique civile. Ajoutez à cela que le public considère la tuberculose comme une maladie sinon honteuse, du moins qu'il vaut mieux cacher. Personne ne va se vanter d'avoir eu des poitrinaires dans sa famille. Quel médecin n'a pas entendu les supplications éplorées d'une mère de famille qui, les larmes aux yeux, vient lui dire : « Et surtout, docteur, je vous en prie, ne dites pas que mon enfant est mort de tuberculose, cela nuirait tant à mes autres filles ! » Le médecin attendri se contente de porter sur son bulletin de décès le diagnostic de pneumonie ou de méningite, sans ajouter « tuberculeuse ».

Enfin, une troisième série de faits diminue encore la liste de morbidité par tuberculose dans le milieu civil, ce sont les erreurs de diagnostic. Combien de maladies appelées appendicite, péritonite, pleurésie, broncho-pneumonie, cancers viscéraux, ne sont que des affections tuberculeuses méconnues. Les erreurs de diagnostic sont bien plus fréquentes dans la clientèle civile que dans nos hôpitaux militaires, parce que, dans le premier cas, on ne fait presque jamais l'autopsie qui, seule, permet de confirmer ou d'infirmer le diagnostic primitif.

De tout ceci, il faut retenir que la morbidité militaire par tuberculose est moins élevée que la morbidité civile ; par conséquent, l'armée n'est pas un lieu de contamination par tuberculose aussi prononcé qu'on le prétend parfois.

Et cependant, ouvrez les colonnes des journaux antimilitaristes ; qu'y lirez-vous ? La caserne est un des plus grands foyers de contagion de la tuberculose ! C'est absolument faux, comme nous allons essayer de le démontrer.

« Les tuberculoses ouvertes, les seules qui créent véritablement le danger de la transmission, ne sont point communes dans les casernes, quoi qu'on dise. » (Kelsch.)

Depuis quelques années surtout, des instructions scientifiquement établies, et de plus en plus rigoureusement exécutées, prescrivent d'éloigner des rangs de l'armée les hommes non seulement convaincus, mais simplement suspects d'être en puissance de tuberculose, « les hommes en état d'imminence tuberculeuse », tels sont les termes même de la loi sur la réforme temporaire. Il y a des phtisiques plus ou moins avancés dans certains corps spéciaux qui ne comprennent que des soldats de métier, tels que les gendarmes et les gardes républicains. Ils sont connus, isolés et soignés en lieu sûr. Il s'en rencontre aussi parmi les ordonnances et secrétaires d'Etat-major qui se dérobent aux visites médicales. Leur nombre est très restreint ; en outre, ils ne sont pas de ceux qui circulent d'habitude dans les casernes. Les chances de contagion qu'ils créent autour d'eux sont renfermées dans une sphère relativement étroite et indépendante de la caserne.

Donc si les tuberculeux ouverts, les seuls contagieux, sont éliminés de la caserne aussitôt qu'ils sont reconnus, comment voulez-vous qu'ils contaminent leurs camarades ?

Il n'y a pas, il ne doit pas y avoir de bacilles de Koch dans nos chambrées. Mais si, d'aventure, le microbe vient à s'introduire dans la chambrée, il est loin de se trouver dans des conditions aussi favorables pour s'y répandre que dans d'autres milieux attribués aux collectivités. Le soldat, en effet, ne vit guère dans la chambrée. Bien différent, en effet, de l'ouvrier d'atelier qui subit la journée tout entière le contact de son camarade malade, il passe la majeure partie de son temps hors des locaux, en plein air, soumis en quelque sorte à l'aérothérapie. Les exercices incessants l'appellent dans les cours, sur le terrain de manœuvres, en rase campagne. Il n'occupe guère le casernement que la nuit ou pendant les courtes époques de l'année où les intempéries lui interdisent les travaux extérieurs. En tout temps, d'ailleurs, les fenêtres largement ouvertes chaque jour dès le matin donnent accès à l'air et aux rayons du soleil qui réalisent la plus efficace des désinfections.

Le soldat se contamine au contact de l'habitant, au cabaret qui n'est pas interdit aux tuberculoses ouvertes. Ecoutons, à ce sujet, les paroles du professeur Kelsch, membre de l'Académie de médecine :

« L'alcoolisme, pas plus que la fièvre typhoïde, la syphilis, la tuberculose, n'a ses racines dans la caserne. Je crois même que les mesures prohibitives dont la cantine est l'objet, resteront stériles tant que les habitations militaires seront entourées de cabarets borgnes où s'engouffrent tous les soirs les hommes, à leur sortie, et où l'on fête à la fois Bacchus frelaté et Vénus avariée. »

Donc la conclusion de tout ce chapitre s'impose : l'armée n'est pas un foyer de contagion tuberculeuse.

Mais alors comment se fait-il qu'il y ait une aussi forte proportion de tuberculeux dans vos statistiques militaires, nous direz-vous ? C'est bien simple. Le médecin inspecteur Kelsch a prouvé que ces cas de tuberculose à la caserne n'étaient que le réveil d'une tuberculose contractée pendant le jeune âge. Elle était à moitié guérie et a réapparu subitement sous une influence quelconque. Il base sa théorie sur une série d'autopsies dans lesquelles il a constaté, au moins une fois sur deux, chez de jeunes soldats emportés par une maladie autre que la tuberculose, des lésions anciennes dues au bacille de Koch. MM. Natalis, Guillot, Brouardel, Letulle, Roger, en France, tous les médecins militaires allemands, leurs professeurs civils tels que Naegeli, Anfrecht, Behring... sont du même avis.

Donc le contingent importe dans la caserne la tuberculose sous cette forme discrète qui la dérobe aux procédés les plus affinés du diagnostic ; cette endémie qui décime la troupe provient surtout du sein des populations, car sa répartition topographique reflète celle que lui attribue la statistique dans la population civile, étant donné que le recrutement actuel est presque exclusivement régional. Aussi les corps d'armée les plus chargés de tuberculeux sont précisément ceux qui sont stationnés ou mieux recrutés dans les régions où l'endémie pèse le plus lourdement sur la population civile.

On reproche à nos médecins militaires d'envoyer au régiment des conscrits entachés du soupçon de la tuberculose. Mais comment faire autrement, puisqu'ils ont la tare dans la proportion de 60 à 70 % ? Arrêter cette tuberculose au conseil ! mais elle se présente sous cette forme latente, compatible avec tous les attributs d'une santé et d'un tempérament irréprochables, voire même d'une constitution des plus vigoureuses et sous laquelle elle défie tous les artifices du diagnostic.

L'apparition du bacille dans les crachats est trop tardive pour les mettre sur leur trace en temps opportun. « L'Académie de médecine elle-même, déclare Kelsch, serait appelée à juger et à prêter son concours au Conseil de révision, qu'elle ne serait sans doute pas plus heureuse dans son triage que les modestes experts de l'Armée. »

Donc, répétons-le encore une fois : l'armée n'est pas un milieu de contamination tuberculeuse ! Nous allons même plus loin ; nous prétendons que la caserne a une heureuse influence dans la lutte contre cette terrible maladie. Ecoutons encore le professeur Kelsch : « Si on pouvait compter les jeunes tuberculeux de l'usine, de l'atelier et des tas de métiers qui emploient et surmènent la jeunesse des deux sexes, on trouverait que la caserne est plutôt un abri contre la phtisie qu'un foyer générateur de cette maladie. C'est d'autant plus vrai que, dans les milieux militaires, la tuberculose fait trois fois plus de ravages parmi les hommes occupés dans les ateliers et, en général, dans les espaces clos, que parmi nos troupes de ligne vivant au grand air, et qu'enfin il y a un nombre considérable d'individus qui meurent avec des foyers tuberculeux très anciens, après avoir accompli intégralement leur service militaire et en sont sortis sans aucune apparence morbide. »

Depuis quelque temps les règlements militaires ont cherché à empêcher les causes capables de réveiller l'éclosion de cette tuberculose latente si fréquente chez nos conscrits (fatigue, alcoolisme, maladies intercurrentes).

Et pour terminer ce paragraphe, qu'on nous permette de citer un passage tiré du livre de Kelsch sur « *La Tuberculose dans l'Armée* » : « Que de jeunes gens, dit-il, affligés de tuberculose latente, qui ayant été reconnus bons malgré leurs tares, sont devenus des soldats vigoureux et ont fourni une longue et brillante carrière ! Que de fois j'ai découvert sur les cadavres d'officiers ou de vieux soldats emportés par des affections étrangères à la tuberculose, des foyers bacillaires très anciens solidement enkystés, isolés de l'organisme par des barrières fibreuses extrêmement puissantes, rendus vraiment inoffensifs à la faveur des péripéties de la vie militaire ! »

Nous venons de constater qu'à la caserne les chances de contagion sont relativement faibles, et qu'elle ne constitue pas, comme on ne cesse de le répéter, un foyer de contamination par tuberculose.

Comment pourrait-il en être ainsi, puisque, de moins en moins, le soldat séjourne dans la caserne ou même dans nos villes ? Les chambres, les cours des casernes, les places publiques sont en effet abandonnées pour la campagne, les camps d'instruction où le citadin respire, où le paysan retrouve son atmosphère habituelle. Aujourd hui l'air et la lumière font en quelque sorte partie de l'alimentation du soldat. Enfin l'autorité militaire guidée par nos médecins ne cesse de prendre des mesures préventives de nature à fermer l'accès de la caserne aux germes morbides, ne cesse de veiller à la stricte observation des règles de l'hygiène propres à réaliser le meilleur état sanitaire pour nos troupes.

Dans ce sens, depuis 25 ans, des progrès considérables ont été réalisés, et ces progrès nous donnent le droit d'envisager l'avenir avec confiance, surtout si, grâce à de nouveaux sacrifices, on peut donner satisfaction aux désirs exprimés par nos médecins militaires.

Ces sacrifices devraient nous paraître légers, puisqu'il s'agit de la santé de nos fils. La santé de nos fils ! quand parmi les maladies contagieuses vous avez omis de citer les maladies vénériennes, alors que tous les auteurs sont d'accord pour accuser la caserne de propager le mal vénérien !

Dans l'*Humanité nouvelle* nous retiendrons en particulier les citations suivantes :

Gressent. Français. Homme de lettre, p. 60 :

« C'est devenu un lieu commun que de mettre à la charge du militarisme la propagation des maladies vénériennes. Mais pourtant il est bon de parler en toute occasion de cet effet particulièrement terrible du militarisme. Ah ! combien nombreux sont ceux et celles qui ont eu à en souffrir ! Qui saura jamais combien de souffrances physiologiques et psychologiques il a engendrées ? Qui saura jamais le nombre des drames familiaux dont il fut la cause ? C'est surtout dans les campagnes où tous les actes du voisin sont connus, que l'on peut étudier son influence profondément nocive. J'ai pu m'en rendre compte naguère dans un bourg de 2.000 habitants, où l'on comptait 10 cas de maladies vénériennes dus à des « 28 jours d'instruction militaire. » La proportion est effrayante. Et cela a une action sur les mœurs, car l'apport de ces maladies divise les familles, suscite entre elles des haines que le temps n'apaisera que difficilement. »

Elisabeth Renaud. Française. Institutrice, p. 98, cite M. *Gohier* : « La caserne les a reçus propres, elle les rend souillés. »

M. Edouard Drumont : « De la caserne se répandent dans la société les flots impurs de l'alcoolisme et des maladies honteuses. »

Michel Corday. Français. Homme de lettres, p. 49 :

« Les maladies, dites secrètes, sont plus nombreuses chez les soldats que sur tout autre ensemble d'adultes. »

De ce réquisitoire sévère résulte la discussion suivante :

SECTION II

LES MALADIES VÉNÉRIENNES

Faut-il accuser la caserne sans restrictions ? — Dans la vie civile la contagion est-elle moins grande ? — La lutte à la caserne contre le développement des maladies vénériennes est entreprise. — Les enseignements qu'on y donne à ce sujet peuvent avoir un effet salutaire sur l'avenir de la race.

On reproche à la caserne :

une morbidité de 7,4 pour 1000 de syphilis,
— 20,4 — blennorhagies,

dans l'effectif de 1900 (statistique Pr Vincent, Ecole d'application du Val-de-Grâce).

Bien que cette proportion soit déjà trop grande, il y a progrès sauf en ce qui concerne la syphilis, de l'avis de tous les médecins. Grâce aux chiffres cités par le professeur Desruelles, chargé vers 1867 du service des vénériens au Val-de-Grâce, on peut établir que vers 1840 la morbidité était de 48,6 p. °/oo. Elle a donc largement diminué. Faut-il, d'autre part, accuser la caserne de tout ce mal sans restrictions ?

« La caserne les a reçus propres, elle les rend souillés. » (M. Gohier.)

1° C'est un fait que quelques malheureux jeunes gens sont déjà avariés avant d'entrer au régiment. Dès le lendemain de leur incorporation ils sont admis à l'infirmerie, à l'hôpital ; quelquefois même ils sont réformés. Et pourtant, ils viennent grossir les chiffres de la statistique militaire. Restés dans la vie civile, que seraient-ils devenus faute de soins ou même faute d'avouer leur mal ? Et qu'on ne dise pas que le nombre de ces victimes soignées par nos médecins militaires est très faible.

La statistique établie par le Dr E. Fournier ne permet pas de le croire.

« Sur 10.000 cas de syphilis observés dans la clientèle masculine de la ville, 7000, soit 70 p.% étaient des fruits de jeunesse, et 800 avaient été contractés avant 20 ans.

2° Dans la vie civile la contagion est-elle moins grande ?

Est-il permis de l'affirmer, si aux chiffres officiels des hôpitaux venaient s'ajouter tous ceux qui restent ignorés en raison du secret professionnel.

« A Paris, sur 100 hommes, 13 à 16 au moins sont infectés de syphilis. » (Dr Lenoir.)

Au Danemark, où le secret professionnel n'existe pas en ce qui concerne la syphilis, voici le rapport entre la morbidité civile et la morbidité militaire :

3 à 4,2 pour 1000 habitants
2,5 pour 1000 militaires (Pr Vincent).

3° On objectera que cette argumentation s'applique aux populations urbaines, qu'elle est inexacte en ce qui concerne la jeunesse de nos campagnes ; et que, si le service militaire n'existait pas, celle-ci échapperait aux maladies vénériennes.

Cette observation a pu être vraie.

Mais aujourd'hui, grâce aux moyens de communication, le paysan ne vit plus isolé de la ville. Combien de jeunes paysans ignorant les dangers des villes, y viennent à bicyclette, par exemple, pour d'autres motifs que leurs affaires ?

La caserne ne constitue donc pas, comme on se plait trop à le répéter, un foyer permanent de propagation des maladies vénériennes.

Néanmoins la proportion de ces maladies y est trop forte encore ; le mal existe, et nous serions coupables de ne pas chercher les moyens de le prévenir.

Si le péril alcoolique a été signalé dans les casernes par l'image et la parole, si l'on a cherché par tous les moyens à éloigner le soldat du cabaret et si, en même temps, on l'a éloigné des mauvais lieux, a-t-on assez dénoncé le péril vénérien ?

Ce péril est grand, si l'on songe que c'est à vingt ans, c'est-à-dire au moment où les passions sont très vives et l'inexpérience presque complète, que plus de 200.000 jeunes gens franchissent les grilles de nos casernes.

Demain ce sera pour les uns une liberté qu'ils n'ont jamais connue au collège, au lycée ou même à l'atelier ; pour le plus grand nombre, l'existence paisible des campagnes sera remplacée par les tentations de la ville, d'autant plus séduisantes qu'elles lui seront moins familières.

Or, comment toute cette jeunesse est-elle prévenue et mise en garde contre les conséquences d'un moment d'oubli ? Avant leur départ pour la caserne, comment sont renseignées par leurs parents nos jeunes recrues ? D'une façon bien insuffisante en général. Dans la bourgeoisie, c'est à mots couverts que le père parle à son fils, avec une prudence analogue à celle que la mère apporte à renseigner sa fille sur ses devoirs conjugaux :

« Pas de bêtises surtout, mon garçon !... N'oublie pas l'antique maxime : *Mens sana in corpore sano !* » Et c'est tout. La corvée est terminée. Cet appel à l'honnêteté suffit-il ?

Les ouvriers apportent plus de franchise dans leurs explications. Pour les paysans ils ne disent rien, car neuf fois sur dix ils ignorent tout.

L'officier, croyons-nous, guidé par les médecins militaires, peut remplacer dans ce rôle d'avertisseur la famille timorée ou ignorante. Pour le père, l'enfant qui doit entrer à la caserne est resté un enfant. Il ne l'a pas vu, il n'a pas voulu le voir grandir. Le père se persuade trop facilement que l'ignorance de pareils dangers suffit à sauvegarder ses fils. Mais en changeant de costume l'enfant se transforme vite en homme. Il écoutera peut-être mieux l'officier qu'il n'aurait écouté le père.

Enfin l'officier pourra exprimer clairement, avec la franchise un peu brutale du soldat, s'il le faut, pour les moins intelligents, une pensée qu'il répugne au père de développer, quand il en est capable, et que trop de gens ne sauraient même aborder, faute d'en connaître les conséquences.

La pleine liberté veut la pleine lumière. Que demain donc aucun de nos soldats ne puisse nous accuser de l'avoir laissé dans l'ignorance des risques qu'il court, et que nous n'entendions plus dire que le fait de contracter une maladie vénérienne constitue un certificat de virilité !

Apprenons aux soldats qui ont d'aussi funestes préjugés, que, d'après l'avis unanime des médecins les plus autorisés, les maladies vénériennes contribuent à la déchéance de la race. Tous demandent que non seulement on crie gare, mais encore que l'on dise pourquoi.

« Sauvegardons, déclare l'un d'eux, les inexpérimentés de la vie, ceux qui peuvent tomber dans l'abîme, parce qu'ils ne le connaissent pas. Avertissons nos enfants du péril vénérien, ce sera le plus sûr moyen de les en préserver. Ne nous bornons pas à un avertissement général et banal, faisons plus et faisons mieux en motivant nos idées ; décrivons-leur ce péril tel qu'il est médicalement, afin de les rendre juges eux-mêmes de ce à quoi ils peuvent s'exposer (1). »

Or, à la caserne, nous venons de le voir, il y a beaucoup d'enfants, beaucoup d'inexpérimentés, et le rôle de l'officier éducateur sera de les instruire au profit de la santé nationale.

Déjà beaucoup de jeunes gens s'éloignent de la débauche, grâce à des considérations morales ou religieuses ; leur dénoncer le péril vénérien, c'est les confirmer dans leurs sages résolutions et c'est en même temps incliner à plus de dignité dans l'existence une jeunesse moins scrupuleuse et plus imprudente.

Ici le temps presse, et si l'on veut faire œuvre utile, c'est dès le premier jour qu'il faut signaler le danger et combattre les préjugés apportés du dehors ; demain il serait trop tard.

Dans les gares où l'affluence des voyageurs est considérable, les compagnies multiplient les avertissements : « Prenez garde aux voleurs ! »

Pourquoi ne prendrions-nous pas des mesures analogues pour mettre en garde nos frères et nos enfants ?

Dès son arrivée à la caserne, cette station de deux ans, le jeune soldat doit être prémuni contre les ennemis de sa santé ; une causerie lui sera faite sur ce sujet. Dans la chambre, au réfectoire, ses regards curieux, surtout à la première heure, de faire connaissance avec les lieux où il doit vivre, seront frappés par des images révélant scientifiquement les ravages des maladies vénériennes.

On peut le faire, croyons-nous, sans tomber dans l'exagération, parfois répugnante, des musées pathologiques de nos foires, visibles pour les adultes seulement.

Que pourrait-on bien opposer à ces mesures préventives ? Dira-t-on que les étudiants en médecine connaissent tous les dangers de ces maladies et que cependant.... Sans doute, mais les imprudents sont

(1) Brochure du P. Fournier : *Pour nos fils quand ils auront 18 ans*, p. 42.

persuadés qu'ils sauront reconnaître les sujets malades et que, par des mesures de préservation dont ils ont le secret, ils échapperont à la contagion ?

En général, nos soldats ne peuvent avoir de pareilles prétentions.

A quoi bon, dira-t-on encore, attrister notre jeunesse en lui révélant les vices et les misères de nos villes ? Vous allez étouffer la gaieté dans nos casernes et les transformer en cloîtres moroses et austères !

Pour faire ces objections, il faut ignorer que les vénériens sont portés à la tristesse, à la mélancolie, et que parfois des idées de suicide hantent leurs esprits. La gaieté et l'entrain sont l'honnête privilège des gens bien portants, des soldats qui ne fréquentent ni le cabaret ni les mauvais lieux.

Pour les en éloigner efficacement, on leur rappellera qu'ils ont une famille, une fiancée peut-être... et de fait, nombreux sont les soldats qui portent au doigt l'anneau des fiançailles. Le souvenir de la « *promise* » ne peut avoir qu'une heureuse influence sur la dignité de leur conduite. Il est désirable que les relations entre la caserne et la famille soient aussi fréquentes qu'il se pourra, ce qui est facile, grâce à la franchise militaire postale et au développement de l'instruction primaire.

Entretenir ou développer dans le cœur du soldat l'amour de la famille qui le rattache au pays, au sol natal, à la petite patrie, et l'amour de la caserne où de nombreuses bonnes volontés s'unissent pour la rendre moins sévère (salles de lecture, séances récréatives, projections lumineuses, théâtre, jeux de plein air, etc.), c'est contribuer à éloigner notre jeunesse des lieux de débauche où la guettent les maladies vénériennes, l'alcoolisme et la tuberculose.

Nombreux sont donc les remèdes préventifs contre le mal. Ils consistent, nous le rappelons, à signaler le danger, à combattre les préjugés, à occuper les loisirs du soldat. Tous sont employés aujourd'hui, sauf en général, celui qui consiste à décrire le mal lui-même et ses funestes conséquences. Et comme la bonne volonté ne manque pas chez les officiers, il est à espérer que les soldats sortiront de la caserne indemnes du fléau qui les menace, et prémunis pour la vie contre les terribles suites qui en sont comme le châtiment. Il est parfois terrible et l'expiation est assez cruelle pour que l'on traite les vénériens non comme des coupables, mais comme des malheureux que l'on n'a pas toujours assez prévenus des dangers de certaines caresses.

SECTION III

L'alcoolisme. — La caserne ne fait pas des alcooliques. — La misère, le désœuvrement n'existent pas à la caserne. — On y combat les préjugés sur l'alcool. — La caserne tend à devenir un foyer de propagande anti-alcoolique.

« En Allemagne comme en France, une foule de jeunes gens reviennent aujourd'hui du régiment plus débauchés et plus ivrognes. » (M. Fouillée, p. 58.)

Nous avons la consolation de croire cette affirmatian exagérée et même inexacte. Que l'on dise que la caserne reçoit des jeunes gens ayant déjà contracté des habitudes d'intempérance et qu'elle ne réussit pas toujours à les corriger, nous serons d'accord. Mais nous prétendons qu'elle ne fait pas des alcooliques.

Tout le monde est unanime pour reconnaître que l'alcoolisme résulte de la misère, du désœuvrement, des préjugés. Il suffira donc de prouver que la misère et le désœuvrement n'existent pas à la caserne, et que l'on peut s'efforcer d'y lutter contre les préjugés.

1° La misère.

Les malheureux, les déshérités de la vie trouvent à la caserne un bien-être qu'ils n'ont jamais connu. Ils sont vêtus, couchés, nourris ; l'habillement du soldat n'est pas comparable aux vêtements sordides d'un grand nombre de misérables ; la literie est meilleure et mieux entretenue que dans un grand nombre de ménages même aisés ; la nourriture, hier insuffisante, est aujourd'hui plus abondante et tend à devenir de plus en plus variée, grâce à l'instruction culinaire donnée aux hommes par des professionnels.

On a souvent démontré que la tendance à boire de l'alcool est d'autant plus forte que le travail est plus intensif, l'alimentation plus défectueuse, les conditions du logement et de l'existence en général plus mauvaises. Nous venons de voir que toutes ces causes n'existent pas à la caserne, et si des soldats, trop nombreux, persistent à boire, c'est par habitude, en raison des préjugés dont nous parlerons plus loin.

2° Le désœuvrement.

L'alcoolisme sévit avec violence dans les classes pauvres, chez les ouvriers et les paysans. Cependant la bourgeoisie elle-même compte de nombreuses victimes de l'alcool parmi ces habitués de ce que nous appelons les grands cafés, et que l'on voit assis toujours aux mêmes heures, au même coin de la même table.

On peut dire que toute la société, à des degrés divers, souffre de ce mal : le misérable paie sur le zinc le terrible remède à ses souffrances, tandis que sur le marbre le désœuvré se libère de l'ennui qu'il est fatigué de promener ; de même que dans la soie, la laine ou le coton, les maladies vénériennes guettent le misérable et l'oisif ; tant il est vrai que l'ivrognerie et la débauche résultent des mêmes causes : la misère, le désœuvrement et les préjugés.

Mais nous savons que la misère n'existe pas à la caserne, et nous allons montrer que le soldat n'est pas un désœuvré et qu'il est possible de lutter contre ses préjugés.

Le soldat a, sans doute, des loisirs et nous avons entendu dire : « Il ne devrait pas avoir de loisirs ou alors renvoyez-le plus vite, réduisez la durée du service militaire. »

Que penser, si l'on affirmait que l'ouvrier ne doit pas avoir de loisirs, sous prétexte qu'il en ferait un mauvais usage ?

Pour tous les deux, pour l'ouvrier comme pour le soldat, les loisirs sont nécessaires sous peine de les faire succomber par le surmenage.

Ce qu'il faut, c'est occuper leurs loisirs, c'est leur apprendre à faire un honnête usage de leur liberté.

Dans ce sens, que de progrès réalisés pour le soldat, bien qu'il reste encore à mettre en pratique des projets dont le but généreux n'est pas niable (enseignement professionnel à la caserne) (1).

Mais en attendant, dira-t-on, que font les soldats tous les jours à partir de 6 heures du soir, les dimanches et jours fériés ? Ont-ils les moyens de s'instruire, de se distraire à la caserne, ou, s'ils sortent en ville, existe-t-il des refuges où ils seront à l'abri des dangers de nos garnisons ?

Nous pouvons répondre d'une façon satisfaisante aux deux questions.

1° A la caserne, en effet, il existe des salles de lecture, des cours primaires, des cours d'adultes, où sont attirés environ 20 p. % de l'effectif, tandis que des séances récréatives ou des conférences avec projections lumineuses, théâtre, etc., font oublier à 30 p. % les fatigues physiques du labeur militaire.

Et que l'on ne vienne pas dire que le soldat fuit la caserne par crainte de la corvée, car ce qui a pu être vrai, ne l'est plus ; le soldat, la journée terminée, jouit d'une liberté qu'on cherche seulement à rendre agréable. Et ceci n'est pas une affirmation vague, puisque, afin de ne pas laisser subsister le doute dans l'esprit du soldat à ce sujet, des affiches ainsi libellées ont été placées sur les portes des salles de réunion pour la troupe :

Les soldats qui se trouvent dans cette salle sont considérés comme *étant sortis en ville,* ils ne peuvent être commandés de corvée ; ils sont libres et chez eux.

Dans la plupart de nos villes de garnison, ce n'est pas en vain qu'on a fait appel à de nombreuses bonnes volontés, les officiers de réserve, les instituteurs, les professeurs ont fraternisé pour recueillir notre jeunesse militaire (cours d'adultes, conférences populaires, foyers du soldat).

Donc, à la caserne, comme lorsqu'il veut sortir, le soldat est de moins en moins abandonné à lui-même.

Et le dimanche ?

Nous devons avouer que le dimanche est un jour particulièrement funeste pour la santé de nos soldats. Dans l'infanterie, nous avons

(1) Cet enseignement est donné au 11e Régiment d'Infanterie par M. Grillet, officier de réserve, inspecteur du travail, et par des professeurs de l'Ecole d'Industrie, depuis le 15 février 1906.

vécu de pénibles lundis où, pendant la manœuvre, on sent que l'esprit des hommes est absent, leur corps fatigué, tandis que dans la cavalerie et l'artillerie doit s'établir un frappant contraste entre les chevaux reposés et leurs cavaliers fourbus.

Que faire contre ces lundis militaires ?

Peut-on songer le dimanche à retenir le soldat à la caserne pendant quelques heures, songer à occuper un peu cette journée plus particulièrement vide pour les nombreux soldats qui n'ont pas de parents ou d'amis dans leur garnison ?

A condition de les distraire, c'est possible. Nous pouvons l'affirmer, car nous connaissons un régiment où des officiers de l'armée active, secondés par leurs camarades de la réserve, ont tenté l'expérience.

Dans ce sens, des séances récréatives et instructives ont été organisées et ont donné des résultats satisfaisants.

Quelques soldats aimant à jouer la comédie, d'autres causant avec facilité sur des sujets intéressants illustrés par des projections lumineuses, se sont dévoués pour amuser et instruire leurs camarades, et quelquefois c'est près du sixième de l'effectif qui a été ainsi éloigné pendant plusieurs heures des tentations mauvaises de l'ennui.

Ce chiffre peut à priori paraître faible, si l'on ne tenait pas compte que le reste trouve un refuge dans des familles amies ou dans « les foyers du soldat. »

De cette manière, acteurs ou conférenciers, soutenus et dirigés par leurs chefs, encouragés par un auditoire nombreux et reconnaissant, ont contribué, sans s'en douter peut-être, à lutter contre les ennemis de leur santé et de celle de leurs camarades.

En particulier, dans ces séances récréatives du dimanche, la propagande contre l'alcoolisme n'a pas été négligée, et, sous une forme attrayante et variée, les dangers de l'alcool ont été signalés.

Citons dans les programmes de ces réunions ce qui est relatif à l'alcool :

1. — *Les enfants de l'ivrogne* (monologue par le soldat N...).

2. — *Trop boire nuit* (sujet amusant, présenté sous forme de projections lumineuses).

3. — *Types de dégénérés par l'alcool* (projections lumineuses et causerie par le sergent A...)

4. — ***Comment on perd sa santé*** (causerie avec projections lumineuses par le soldat B..., étudiant en médecine).

5. — ***Histoire contemporaine*** (scène anti-alcoolique), etc., etc.

Voilà ce que l'on a tenté pour les tristes et souvent pluvieuses journées d'hiver. Mais vienne le printemps, il faut résolument abandonner le théâtre et la causerie ; c'est à la campagne, aux environs de la garnison que des jeux de toutes sortes attirent les soldats (équipes militaires de foot-ball, de cross-country), etc., sans compter, croyons-nous, qu'il ne serait pas impossible de réaliser de modestes pique-niques payés sur les fonds de l'ordinaire.

Toutes ces récréations, qui ont pour objet d'éloigner le soldat des dangers de nos villes, trouvent de précieux encouragements près des chefs de corps, près des chefs militaires les plus autorisés de notre armée :

« Au point de vue moral et hygiénique, toute distraction susceptible de concurrencer l'influence pernicieuse du cabaret mérite, à coup sûr, tous les encouragements. » (Général Metzinger.)

« Je considère comme essentiellement utile de soustraire autant que possible les militaires aux dangers des empoisonnements divers que leur offrent, pour leur santé physique et morale, les cabarets et autres mauvais lieux, et il est certain que, pour obtenir ce résultat, il faudrait leur rendre le séjour de la caserne, à leurs heures de loisirs, plus agréable que les pernicieuses flaneries des rues et des faubourgs. » (Général Duchemin, ancien Inspecteur général de l'Infanterie de Marine.)

3° Les préjugés.

Si le soldat persiste à boire à la caserne, c'est par habitude, c'est en raison de certaines idées qui avaient cours il y a quelques années, même dans les milieux scientifiques, sur les avantages de l'alcool pris à dose modérée. Ces idées, en effet, survivent aujourd'hui à l'état de préjugés dans la conscience populaire, et nous les retrouvons à la caserne.

« Dès son enfance, écrit le Docteur Van Coillié, l'ouvrier est enserré dans les murailles de ce tissu d'erreurs qui fait croire à l'utilité de l'alcool ; on lui a vanté — et il n'a entendu que cela — les nombreux bienfaits de ce breuvage ; on lui a dit et redit qu'il fortifie, qu'il nourrit, qu'il stimule, qu'il réchauffe, qu'il rafraîchit, qu'il est indispensable aux travailleurs, et ces horribles contre-vérités, il les a entendues, il les entend, non seulement dans son entourage, mais encore dans la bouche d'hommes de rang élevé, parfois de ses chefs, que dis-je, de certains médecins même, qui quelquefois joignent l'exemple à la parole ; ces contre-vérités, il les entend proférer jusqu'à la tribune parlementaire (1). »

C'est contre ces préjugés que la lutte a été déclarée à la caserne ; c'est contre l'habitude de boire que l'on a pris des mesures radicales.

a) ***L'habitude de boire ?*** — Notre jeunesse ne peut contracter cette habitude à la caserne, puisque la vente des alcools et des boissons alcooliques, dites apéritives, est interdite depuis le 3 mai 1900. (Circulaire du Ministre de la Guerre.) Bien plus, le soldat prend l'habitude de faire usage des boissons hygiéniques grâce à la création des coopératives de consommation dans lesquelles le thé, le café et le lait sont les seuls liquides autorisés.

Ainsi se trouve réalisé à la caserne le vœu exprimé par l'***Etoile bleue***, revue mensuelle de la Ligue nationale contre l'alcoolisme (nº février-mars 1906) : « Créons des cafés de tempérance et installons-les en face des autres pour ruiner ceux-ci commercialement. »

En particulier dans la garnison de Rennes, ces coopératives ont donné satisfaction au soldat qui les préfère à la cantine, à l'autorité militaire qui voit diminuer le nombre des cas d'ivresse.

N'avons-nous pas le droit de nous réjouir enfin de ces heureuses créations qui sont peut-être un sérieux acheminement vers la suppression des cantines.

Cette suppression est-elle possible ? On objecte que les cantines sont nécessaires aux manœuvres, qu'elles seraient indispensables en campagnes, comme s'il ne serait pas possible de prévoir au moyen de marchés passés à l'avance pour ces deux cas, des organisations similaires. On ajoute d'autre part : les cantiniers sont chargés de la nourriture des sous-officiers. Mais nombreuses sont les garnisons qui possèdent des mess dont les sous-officiers apprécient tous les avantages.

(1) Van Coillié. — *L'Alcool et le travail*, p. 52.

Les garnisons qui n'en possèdent point pour des raisons de casernement, pourraient peut-être les organiser par l'occupation des locaux aujourd'hui affectés aux cantines.

Le remède existe donc et il serait très efficace, car, pour empêcher un buveur de faire usage de boissons, il faut éloigner de lui toutes les tentations.

Tel est l'avis exprimé par le général Deloye dans une réponse faite à l'enquête sur l'alcoolisme que poursuit actuellement la Ligue nationale contre l'alcoolisme (*Etoile Bleue*, janvier 1906). « L'alcoolique sait fort bien quelles seront les funestes conséquences de son vice pour lui-même, pour sa famille, pour son pays. Il s'y résigne plutôt que de faire un effort. Sa maladie est en réalité *une maladie de la volonté.* »

A cette faiblesse de la volonté chez le buveur, il faut opposer un faisceau d'arguments capables de le convaincre, il faut lutter contre ses préjugés.

b) Les préjugés ? — Cependant ni la suppression de la vente de l'alcool dans nos cantines, ni même la suppression de ces dernières ne suffisent pour lutter contre le redoutable fléau. Une campagne anti-alcoolique doit être menée à la caserne, et la vérité scientifique sur l'alcool doit être hautement proclamée, car le soldat subit les tentations du dehors, et ce n'est que lorsqu'il sera fortement convaincu des méfaits de l'alcool, qu'il pratiquera la tempérance.

Pour ces raisons, le Ministre de la Guerre a décidé que des conférences sur les effets et les dangers de l'alcoolisme seraient faites dans les corps de troupe par les officiers et les médecins militaires (Circulaire du 15 janvier 1901).

« Les abus des boissons alcooliques étant toujours possibles en dehors des casernes, l'interdiction faite aux cantines n'aura tout son effet salutaire que si, au moyen d'une action morale exercée par les officiers et d'un enseignement anti-alcoolique, le soldat acquiert la certitude que l'usage de l'alcool diminue la résistance à la fatigue et à la maladie, tandis que l'habitude de la sobriété a la meilleure influence au point de vue physique et moral. »

Cette circulaire a donné les meilleurs résultats, et pour se rendre compte de l'activité avec laquelle la campagne anti-alcoolique est menée à la caserne, il suffit de parcourir les encourageantes nouvelles enregistrées dans le bulletin militaire de l'*Etoile Bleue*. Citons quelques-uns des résultats obtenus :

« Depuis trois mois, plus un seul cas d'ivresse parmi les jeunes recrues. » (Aïn-sur-la-Lys. — Pas-de-Calais).

« Les cabaretiers se plaignent de ce que la nouvelle garnison ne leur envoie pas leur contingent habituel de clients militaires ; ils chargent d'anathèmes la propagande anti-alcoolique. » (Batna. — Algérie) etc.

Cette propagande est essentiellement patriotique et sociale, car l'alcoolisme est une passion, *une maladie de la volonté*. Décréter même la suppression des cabarets ne serait pas suffisant, car si l'on ne parvenait pas à convaincre les esprits, à créer un mouvement d'opinion publique, il serait à craindre que l'ivresse à domicile ne succède à l'ivresse au cabaret. Si donc nous voulons voir diminuer le nombre des fous, des épileptiques et des criminels, nous ne devons rien négliger en faveur de cette propagande.

A la caserne, elle est indispensable si l'on songe au temps pendant lequel le soldat échappe à l'action morale de ses chefs. Nous avons déjà parlé de ses loisirs. Il nous reste à nous demander si pendant ses permissions il ne va pas retourner « à son vomissement. »

c) Les permissions. — Celles de courte durée, pendant lesquelles les soldats (ouvriers ou paysans) ne peuvent songer à se livrer à leurs anciens travaux, sont d'un effet déplorable, car le désœuvrement les pousse vers le cabaret. Pour les en éloigner, ne serait-il pas bon, dans les villes qui possèdent des « Foyers du soldat », d'autoriser d'une façon expresse les militaires en permission à venir y passer leurs loisirs ? Cette autorisation expresse est nécessaire, car de sa propre autorité le soldat en permission n'oserait pas s'y rendre.

Ce danger des permissions n'a pas échappé à la Société de préservation contre la tuberculose qui vient, avec le concours de la Société de prophylaxie sanitaire et morale, de faire distribuer gratuitement dans nos régiments 500.000 titres de permission portant au dos des instructions anti-alcooliques.

Le soldat les lira-t-il ? Nous en sommes convaincu, car il ne sait pas à l'avance si ce ne sont pas là des indications d'ordre purement militaire. Bien plus, le soldat est fier de montrer son titre de permission, sorte de certificat de bonne conduite délivré par ses chefs. Alors voici ce que liront ses parents, ses amis, et tous ceux de plus en plus nombreux qui sont curieux des choses de la caserne.

« Parmi les causes qui favorisent l'éclosion de la tuberculose, une des principales est l'alcoolisme.

« L'usage habituel des boissons spiritueuses ou même du vin en trop grande quantité, alors même qu'on ne va pas jusqu'à l'ivresse, aboutit à l'alcoolisme. L'alcoolisme ne prédispose pas seulement à la tuberculose, il engendre de nombreuses maladies du foie, de l'estomac et du cerveau. Il use prématurément tous les organes et conduit aux convulsions et à la folie. Ni absinthe, ni apéritifs, ni liqueurs. »

N'est-ce pas là un moyen ingénieux et discret de signaler à l'atelier et dans nos campagnes « les dangers de l'alcoolisme. »

Quant aux permissions de minuit et de la nuit, sous prétexte de libéralisme, on les octroie parfois avec trop de facilité, et beaucoup de médecins militaires demandent qu'elles deviennent l'exception et qu'on leur préfère des permissions de l'après-midi. Le jour, en effet, le soldat se sent surveillé et se conduit généralement très bien ; en est-il de même la nuit ? Sans doute, l'on dira : Et l'instruction militaire ?

Une permission de minuit ou de la nuit ramène le soldat à la caserne toujours fatigué et quelquefois malade. La santé comme l'instruction des hommes souffrent donc de ces sorties nocturnes.

La permission de théâtre elle-même devrait être contrôlée. Il suffirait pour cela d'une entente entre l'autorité militaire et l'administration des théâtres qui se chargerait volontiers d'apposer un timbre *ad hoc* sur les titres de permission, puisqu'il s'agirait à la fois de leur intérêt et de la santé des soldats.

De cette façon, en effet, on verrait peut-être plus de soldats au théâtre et l'on en rencontrerait moins dans les rues ou sur le seuil des cabarets.

En résumé, d'après tout ce qui précède, non seulement la caserne ne fait pas des alcooliques, mais elle est devenue un foyer de propagande anti-alcoolique.

Pour ceux qui douteraient encore, et qui prétendent que la vie militaire fait des ivrognes, ajoutons :

1° Les délits militaires jugés par les Conseils de guerre et commis sous l'empire de l'ivresse, le sont par des soldats dont le passé ne peut laisser aucun doute sur leurs anciennes habitudes d'intempérance.

2° Il suffit d'avoir assisté une seule fois à l'arrivée des jeunes soldats ou des réservistes à la caserne, pour être convaincu.

Ayant eu, cette année, l'occasion d'observer les jeunes soldats arrivés après l'heure fixée par leur ordre de convocation, nous avons remarqué que sur dix retardataires, quatre étaient en état complet d'ivresse.

Que faut-il conclure ? Ce que nous avons dit pour la débauche s'applique à l'ivrognerie ; il faut *dénoncer le mal, lutter contre les préjugés du soldat, et occuper ses loisirs.*

SECTION IV

DÉGÉNÉRESCENCE PHYSIQUE ET SURMENAGE

1° Dégénérescence physique.

On est vraiment étonné d'entendre accuser le militarisme de provoquer la dégénérescence physique de la race ! Comment voulez-vous que deux ou trois années passées à cultiver les exercices physiques d'une façon aussi continue et en suivant rigoureusement les préceptes de l'hygiène, puissent déterminer la dégénérescence de la race ! Non, ce n'est pas la caserne qu'il faut incriminer, mais le surmenage de la vie intensive que nous menons, la lutte pour la vie, chaque jour de plus en plus âpre, l'alcoolisme, la syphilis, les travaux intellectuels qui augmentent sans cesse et menacent d'absorber le temps de chaque individu, au détriment de sa santé et de son développement physique. Ce qui fait la supériorité de la race anglo-saxonne sur la race latine au point de vue physique, c'est que la première a pris l'habitude de pratiquer les sports et les exercices physiques. En France, il n'y a guère qu'à la caserne que l'homme commence à les connaître, puis à les aimer ; sans elle, la culture physique, dans notre pays, serait réduite à peu de chose !

2° Surmenage.

On nous dit que tous les effets salutaires de la vie de la caserne sont détruits par le surmenage. En effet, on reproche aux officiers de surmener leurs soldats ! Pourtant la première préoccupation de nos chefs militaires est, et a toujours été, d'instruire leurs hommes sans provoquer de surmenage. Ecoutons, à ce sujet, la circulaire du général Zurlinden, ministre de la Guerre, en 1895 : « L'entraînement, qui a pour but d'augmenter la force de l'homme, ne doit jamais être poussé au point de l'affaiblir par le surmenage. Connaître le degré de résistance du soldat pour ne pas aller au-delà, entretenir et développer ses forces par une série d'exercices variés et appropriés, savoir le faire reposer à temps, arrêter les efforts quand une circonstance par trop défavorable intervient, les reprendre dès qu'on le peut, amener ainsi l'homme sans secousses, et presque à son insu, à son maximum de souplesse et de vigueur. Tel est le rôle de l'officier. »

Cette circulaire est-elle suivie à la lettre ? Nous avons tout lieu de le croire, car les résultats fournis par la visite sanitaire périodique des hommes, viennent nous le prouver. En effet, s'il y a vraiment surmenage, l'homme maigrit et faiblit. Or, à la suite de la circulaire ministérielle sur les « fiches sanitaires », on a pesé et on pèse encore régulièrement une fois par mois tous les hommes depuis leur arrivée au corps. On a constaté que, dans une proportion de 93 p. %, nos soldats engraissaient d'une façon notable à la caserne. Ce fait est surtout évident pendant les premiers mois qui suivent l'incorporation, où cependant la fatigue doit être la plus grande, quand on songe au changement de vie, d'habitudes, de nourriture et d'occupations que subit le soldat. Il engraisse en moyenne de 2 à 3 kilos le 1er mois, puis de 1 k. 500 le 2e mois, puis de 900 à 1100 grammes le 3e mois. A partir de ce moment, le poids reste stationnaire ou plutôt il augmente de 200 à 300 grammes par mois. Au moment des grandes chaleurs il maigrit ; mais il a vite fait de rattraper au début de l'hiver le poids perdu, et même de le dépasser dans de notables proportions, puisque la moyenne d'augmentation du poids constatée chez les anciens soldats, au milieu de leur 3e année de service militaire, est de 7 à 9 kilos (1).

Mais, nous dira-t-on, les faibles, les débiles, ce sont ceux-là qui sont victimes du surmenage ! Le service militaire fortifie les forts et affaiblit les faibles ! C'est faux. Une circulaire du Ministre de la Guerre, parue en 1903 puis renouvelée en 1905, prescrit de surveiller spécialement les hommes reconnus plus faibles que les autres. On en forme un peloton spécial dans chaque bataillon, dit « peloton des hommes à ménager ». Ils sont exempts de sac, de gymnastique, de toute corvée fatigante. Ils sont visités longuement tous les quinze jours par le médecin du corps, et quand arrive la fin de leur séjour à la caserne, on est étonné de l'amélioration qu'a subi l'état général de ces conscrits chétifs et débiles.

Vous croyez, peut-être, que ces considérations suffisent pour admettre les effets salutaires produits par la caserne : elle fortifie les forts, elle améliore les faibles. Il n'en est rien, car on ajoute que si le militarisme aide au rétablissement des forces individuelles, il est défavorable à l'espèce, puisqu'il soustrait à la reproduction les hommes les plus valides, pendant les meilleures années de leur jeunesse.

Nous sommes donc amené à nous demander si la vie militaire est une cause de sélection à rebours, même en temps de paix.

SECTION V.

LA SÉLECTION A REBOURS MÊME EN TEMPS DE PAIX.

« Le militarisme, nous dit M. Vacher de Lapouge, est une cause de sélection à rebours, puisqu'il diminue les chances de reproduction de l'élite, à un âge où la prudence et la prévoyance ne sont pas à craindre comme chez des époux plus âgés. Plus les couples sont jeunes, plus la natalité est élevée (2). »

(1) Observations prises d'après la courbe de poids des fiches sanitaires, au 41e d'Infanterie.

(2) *Les Sélections sociales*. (Pages 238, 232, 362).

Au moment où la natalité baisse en France, cette objection est particulièrement grave. Mais on peut faire d'abord remarquer, à titre de circonstance atténuante, que ce n'est pas nécessairement aux difformes et aux faibles que vont être réservées les joies de légitimes amours avec le droit de procréer à leur image. Un pareil choix serait peu flatteur pour nos jeunes filles à marier qui préfèrent en général attendre le retour de ceux que l'on a jugés aptes au service militaire.

Nombreux sont d'autre part les pères de famille désireux de s'assurer par leur gendre une robuste postérité. Nombreux aussi, au Conseil de Révision, les conscrits qui demandent à être versés dans les services auxiliaires et non pas à être réformés.

Pour le plus grand nombre donc, l'examen du Conseil de Révision et l'honnête accomplissement du service militaire constituent à la veille du mariage un véritable certificat de virilité. D'autre part, en supposant que le service militaire n'existe pas et que rien ne vienne retarder la réalisation des projets matrimoniaux de notre jeunesse, à quel âge se marierait-elle ?

La nuptialité par professions a été étudiée par le Dr Ogle en Angleterre où n'existe pas le régime de la nation armée, et les chiffres suivants sont empruntés à son mémoire : *On Marriages-Rates and Marriages-Ages.*

Ouvriers et professions diverses..............	24 ans.
Laboureurs..............................	25 —
Fermiers................................	26 —
Professions libérales,......................	31 —

Ces chiffres ne peuvent constituer pour nous que de simples indications.

Que se passe-t-il en France ?

Nous croyons que dans les classes aisées, on se marie lorsqu'on a une position vers l'âge de 25 ans ; et dans les classes élevées où la raison l'emporte plus souvent sur l'entrainement, à 30 ans.

Si le service militaire constitue un empêchement sérieux au mariage jeune, ce n'est donc que pour les ouvriers et les paysans ; et cela parait grave, puisqu'ils sont le nombre.

C'est du reste l'un des principaux arguments qu'ont mis en avant, lors de la discussion de la loi de 1872, les partisans du service de trois ans pour tous les inscrits, au lieu de cinq ans pour les uns et un an pour les autres. Mais notre nouvelle loi militaire sur le recrutement, en réduisant le service pour tous à deux ans, permet le mariage pour toute notre population masculine à partir de 23 ans.

Les dangers que présentait pour la natalité française le service militaire de longue durée (7 ans ou 5 ans), n'existent donc plus aujourd'hui.

LES AVANTAGES ?

Nous avons parcouru le réquisitoire sévère dressé contre la caserne au point de vue physique, et parmi les inconvénients signalés, nous avons remarqué que les uns n'existent plus ou sont exagérés (***sélection à rebours, dégénérescence physique de la race, morbidité et mortalité plus grandes***), qu'en outre contre les autres (qui sont les maux dont souffre la société), la lutte est possible, les remèdes existent, et qu'ils sont employés.

En effet, tous les chefs militaires soutenus par cette idée qu'ils ont l'obligation de rendre à la société une jeunesse exempte de tares et d'infirmités, ont déclaré la guerre à la débauche et à l'ivrognerie. De plus en plus les notions d'hygiène vont faire leur chemin dans les esprits tout en inclinant notre jeunesse vers plus de dignité et d'honnêteté.

Pour mettre en lumière et en parallèle avec les inconvénients tous les avantages d'une vie saine et régulière, consacrée à développer progressivement les forces physiques et la volonté agissante, rappelons tout ce qui précède en le résumant :

I. — La santé de l'armée est meilleure qu'on ne se plait à le répéter. La santé, c'est la première condition de sa puissance, la négliger, ce n'est pas la préparer à la défense du territoire ; aussi toutes les mesures ont été prises pour l'améliorer. L'hygiène est meilleure, l'alimentation proportionnée aux fatigues ; la gymnastique et l'entraînement physique sont basés sur des données scientifiques. Ainsi la vie militaire fortifie les forts, améliore les faibles et raffermit les santés chancelantes.

II. — La caserne ne constitue pas un foyer de contamination par tuberculose, et bien plus, les effets bienfaisants de la vie militaire exercent une heureuse influence dans la lutte contre ce fléau.

III. — Les enseignements qu'on donne à la caserne en dénonçant les maladies vénériennes et leurs funestes conséquences (à un âge où l'ignorance est dangereuse), peuvent avoir une répercussion salutaire sur l'avenir de la race.

IV. — La caserne est devenue un foyer de propagande anti-alcoolique.

V. — La dégénérescence physique de la race ? Elle est provoquée par l'excès de bien-être, le goût du repos, l'excès de misère et la vie crapuleuse qu'elle engendre (près de 200.000 personnes sont annuellement fauchées par la misère.) (Docteur Bertillon.)

A la caserne ces inégalités funestes à la santé nationale disparaissent. Un nivellement du bien-être s'opère. La vie militaire secoue la torpeur des uns, donne aux autres les forces nécessaires pour mener une vie plus honnête.

Presque tous les auteurs s'accordent à reconnaître à la vie militaire une influence incontestable sur le développement physique de la race : elle donne aux habitants des campagnes l'habitude des soins de propreté corporelle que beaucoup ignorent encore, la pratique quotidienne des notions élémentaires d'hygiène.

Le citadin, l'étudiant, l'employé sont soustraits à la vie sédentaire, et pendant deux ans doivent se livrer à des exercices corporels que les uns négligent, que les autres ne peuvent pratiquer. Pour beaucoup de malheureux enfin, ce sont les deux meilleures années que leur réserve la destinée. Cependant ces auteurs ajoutent que tous ces avantages sont détruits, parce que l'alimentation du soldat est insuffisante, et, d'autre part, qu'il serait possible de confier cette éducation physique à l'école et aux sociétés de gymnastique.

Terminons ce premier chapitre en réfutant ces deux dernières objections.

a) L'alimentation du soldat est insuffisante. — Cette affirmation a été vraie, mais elle ne l'est plus, grâce aux nouveaux sacrifices que s'est imposé le pays, à l'emploi judicieux des crédits affectés au bien-être matériel du soldat.

Pour le prouver, qu'il nous suffise de reproduire les impressions d'un réserviste qui revient à la caserne après l'avoir quittée depuis huit ans.

« Depuis huit ans, il s'est accompli derrière le mur de la caserne, comme dans l'âme de ceux qui l'habitent, une transformation certaine et heureuse... Toujours est-il que le nouveau siècle a apporté avec lui des changements manifestes et des progrès multiples.

« Le bien-être matériel du soldat n'est plus aujourd'hui un vain mot, il existe d'une manière indiscutable. Je ne suis point encore tout à fait revenu de mon ahurissement lorsque, le premier jour de ma rentrée à la caserne, il y a quatre semaines, on m'a demandé, sur le coup de quatre heures du soir, s'il ne me conviendrait pas de prendre du thé... Le thé au régiment !... Et mon ahurissement a été en augmentant quand je constatai que ce thé était d'un parfum excellent et que les hommes pouvaient en avoir à discrétion, à toute heure du jour : il leur suffisait, pour cela, d'aller tourner un petit robinet de cuivre près de la cuisine.

« La nourriture pourrait, d'ailleurs, difficilement être améliorée ; le sempiternel « rata » et la quotidienne « bidoche » que nous avons tous connus, ont disparu de l'ordinaire. J'ai vu servir à mes camarades troupiers des côtelettes de porc à la sauce piquante, du pâté en terrine et en croûte, des pommes de terre frites, du riz, des lentilles, du poisson ! Et j'ai vu verser du lait à profusion, quand il y avait quelques maux de gorge. Les soldats de la République au au régime lacté : que doivent en penser dans leurs tombes les vieux grognards de l'Empire (1) ? »

b) L'école et les sociétés de gymnastique peuvent-elles donner à notre jeunesse l'éducation physique qu'elle reçoit à la caserne ?

Nous ne le croyons pas, et malgré les progrès réalisés en France dans le sens de l'entraînement physique de notre jeunesse des écoles, malgré le développement des sociétés de gymnastique, le plus grand nombre des jeunes Français restent privés de toute culture physique, en resteraient privés sans leur séjour à la caserne.

(1) Journal *Matin* du 4 avril 1906. — Stéphane Lauzanne.

Sans doute la loi du 27 janvier 1880 a rendu obligatoires les exercices physiques dans nos écoles, mais l'on croit trop encore que l'activité physique est nuisible à l'activité de l'esprit, et cette époque n'est pas si loin de nous où l'on abandonnait soi-disant « aux cancres » le prix de gymnastique ! Ce dédain pour les exercices physiques a porté ses fruits, et c'est à la marche, aux excursions, aux jeux, etc., que le surmenage intellectuel a demandé des remèdes contre ses maux, remèdes qui sont employés préventivement à la caserne. Consacrer presque tout son temps à des travaux intellectuels de 17 à 20 ans ! à cet âge où la nature semble réclamer plus impérieusement l'action que la réflexion, c'est augmenter le nombre des névrosés, des faibles et des timides.

La loi du 21 mars 1905, tout en donnant satisfaction aux besoins militaires, sera de nature à lutter contre ces tendances fâcheuses.

Article 94. — Une loi spéciale déterminera :

1° Les mesures à prendre pour rendre uniforme, dans tous les lycées et établissements d'enseignement, l'application de la loi du 27 janvier 1880, imposant l'obligation des exercices ;

2° L'organisation de l'instruction militaire pour les jeunes gens de 17 à 20 ans et le mode de désignation des instructeurs.

De cette façon la caserne sera véritablement le prolongement de l'école, l'éducation physique militaire, le couronnement de celle déjà entreprise dès l'adolescence.

Enfin, sans troubles parfois préjudiciables pour l'organisme, les exercices physiques seront ainsi continués sans interruption par une jeunesse saine et vigoureuse, vraiment apte à donner pendant son séjour à la caserne, des preuves d'endurance et d'entraînement.

Seule en effet, la vie militaire peut inspirer à tous cette confiance qui n'existe que lorsqu'on s'est éprouvé. Et nombreuses sont les épreuves auxquelles la vie militaire assujettit le soldat.

Les avantages de la vie militaire au point de vue physique sont donc incontestables, et cependant, malgré l'influence heureuse que l'on s'accorde à reconnaître aux exercices physiques sur les mœurs, on accuse la caserne d'être l'école du vice....

CHAPITRE II

Inconvénients et avantages de la vie militaire au point de vue moral.

SECTION I

La caserne est l'école du vice. — La débauche des jeunes soldats par les anciens. — La nostalgie et l'amour du pays natal.

I. — La caserne est l'école du vice....

Nous avons constaté précédemment que la société militaire, prolongement de la société civile, souffre des mêmes maux que cette dernière ; nous avons montré que la vie saine et régulière que l'on mène à la caserne, que la lutte entreprise contre les maladies vénériennes et l'alcoolisme en faveur de la santé du soldat, contribuent à faire perdre à notre jeunesse ses habitudes d'intempérance et de débauche. La caserne est l'école du vice.... et quelques auteurs la comparent aux prisons qui n'ont jamais amélioré l'individu.

A cette accusation fausse, à cette comparaison inexacte, les lois du 27 juillet 1872 et mieux encore celle du 21 mars 1905 sur le recrutement de l'armée, donnent une réponse éloquente. Elles considèrent que non seulement la vie militaire exerce sur tous les individus une influence salutaire au point de vue moral, mais que, pour quelques-uns, c'est une école de préservation et d'amélioration.

La loi de 1872, en effet, après avoir exclu une certaine catégorie d'individus (condamnés à une peine afflictive et infamante, à 2 ans d'emprisonnement ou plus et placés en outre sous la surveillance de la police ou interdits de leurs droits civiques) admettait dans les rangs de l'armée tous ceux qui devaient le service, quels que fussent leurs antécédents. Sans doute des précautions étaient prises contre ceux d'entre eux qui avaient subi des condamnations, et, à la moindre faute, ils étaient envoyés, soit dans les bataillons d'Infanterie légère d'Afrique, soit dans les Compagnies disciplinaires.

De même la loi du 21 mars 1905, plus généreuse en cela que son aînée de 1889, n'a pas voulu envoyer aux bataillons d'Infanterie légère d'Afrique de jeunes condamnés qui, depuis leur libération, se seraient appliqués par leur conduite à racheter leurs fautes, à se relever de la présomption d'indignité morale qui semblait devoir les exclure des rangs de l'armée.

Art. 5. — Ceux qui ont été condamnés correctionnellement à 6 mois de prison (au lieu de 3 mois, loi de 1889) sont incorporés dans les bataillons d'Infanterie légère d'Afrique *sauf décision contraire du Ministre de la Guerre, après enquête sur leur conduite depuis leur sortie de prison.*

Cette dernière disposition permet aux familles, aux institutions de patronage, aux sociétés protectrices de l'enfance, d'intervenir en faveur de sujets dignes d'intérêt, pour les soustraire non seulement au contact dangereux des bataillons de condamnés, mais encore aux conséquences qui résulteraient pour eux du seul fait d'avoir accompli leur service militaire dans les bataillons d'Infanterie légère d'Afrique.

Seule, en effet, cette mention portée sur le livret militaire veut dire : *condamné.* Elle éveille toujours la méfiance, quelquefois le mépris, augmente les obstacles dans la recherche du travail, et jette désemparés dans la lutte pour la vie les plus résolus à racheter des fautes de jeunesse souvent imputables au milieu dans lequel s'est écoulée leur triste enfance.

Avons-nous le droit de nous montrer sceptiques à l'égard de cette législation militaire nouvelle d'accord avec la législation civile en vue du relèvement moral des jeunes condamnés ? Nous ne le croyons pas, car depuis quelques années, la suppression sur le livret militaire de l'inscription des condamnations civiles a donné les meilleurs résultats. Suspecté dans son entourage en raison de ses fautes, le jeune délinquant est accueilli à la caserne sans méfiance ; traité sur le même pied d'égalité que ses camarades, il reprend confiance. Heureux et fier de l'estime qu'on lui témoigne s'il accomplit régulièrement ses devoirs militaires, gagné par la contagion de l'exemple, guidé par les conseils de ses chefs, il trouve dans le frein salutaire de la discipline, au grand avantage de la société, une raison décisive de son salut.

Cependant contre cette généreuse législation, on a objecté que l'on soumettait ainsi les fils de famille au contact d'éléments indignes. Ce motif est peut-être d'un caractère démocratique contestable, et nous pensons qu'il est bon d'habituer de bonne heure notre jeunesse heureuse à se dévouer à des œuvres dans lesquelles, en moralisant les autres, elle élève sa propre moralité. La loi de 1872 n'avait du reste pas montré de pareils scrupules.

La caserne est moralisatrice, et l'œuvre de M. le Conseiller Voisin (malgré les bonnes plumes et les mauvaises langues), poursuivie sur le domaine militaire, la terre la plus féconde de la patrie, a donné des résultats qui constituent un puissant argument contre ceux qui prétendent que la caserne est l'école du vice.

2.080 jeunes gens sous les drapeaux, dont un tiers environ de jeunes détenus (art. 66) et 150 de mineurs condamnés. Le reste est composé d'enfants assistés et d'enfants moralement abandonnés. Sur ce nombre 320 sont gradés, sans compter les soldats de première classe et les matelots brevetés ; 150 sont rengagés. Enfin, 5 de ces pupilles ont conquis la médaille militaire, et 25 gagné des médailles diverses, signes certains de bravoure et d'honneur (1).

Enfin, de la correspondance adressée par des soldats au Directeur de la colonie pénitentiaire des Douaires, nous croyons devoir citer ces passages de nature à montrer l'influence moralisatrice de la vie militaire sur de jeunes détenus.

Celui-ci annonce à son directeur ses galons de brigadier maréchal-ferrant et ajoute : « Je me trouve très heureux et j'espère, à ma sortie du régiment, pouvoir me présenter partout, car partout on m'acceptera dans la forge. »

En effet, le certificat de bonne conduite qu'ils emportent, signé du Colonel et du Conseil d'Administration du Corps, est la meilleure des références.

(1) Comité de défense des enfants traduits en justice. — Rapports et vœux 1890-1900, p. 574.

Certains font du métier militaire leur carrière.

« Je reviens de Madagascar, écrit l'un d'eux, à la date du 26 août 1896. Je suis heureux de vous apprendre le bonheur qui m'arrive. Je viens de recevoir la médaille militaire et je suis proposé pour le grade d'adjudant. J'ai actuellement huit ans et demi de services et je ferai ma carrière au régiment. »

Enfin une lettre vibrante de patriotisme et de fierté dans laquelle on sent l'influence de l'éducation militaire :

« Mon Directeur, j'ai été à Châlons à la revue de l'Empereur de Russie. Justement mon bataillon était de garde d'honneur. J'ai pu voir Sa Majesté à cinq mètres, parce que j'étais de garde à côté de la tribune. Jamais, mon Directeur, je n'ai rien vu de si beau que le défilé et la charge de la cavalerie. La terre en tremblait. Les étrangers qui étaient présents ont pu dire : la France s'est relevée. En effet, à voir les sabres et les baïonnettes, çà avait l'air vraiment menaçant. Je peux vous le dire, j'en étais fier. Il faut espérer, mon Directeur, que si plus tard on avait la guerre, la France ne serait plus battue comme en 1870. J'ai vu avec plaisir mon camarade P. au camp. Nous nous sommes rappelé les jours où nous étions encore auprès de vous. Nous avons été contents de dire que deux enfants des Douaires avaient assisté à la revue (1). »

Nous ne croyons pas devoir insister, mais signalons que parmi les auteurs cités par l'*Humanité Nouvelle*, quelques-uns nous proposent de demander à l'école tous les avantages moraux de la vie militaire.

A ce sujet, voici une sorte de comparaison entre l'école et le régiment, entre le pensionnat et la caserne.

Léon Hennebicq, Belge, avocat à la Cour de Bruxelles, professeur à l'Université Nouvelle (p. 180).

« Le militarisme est un mal. Cependant je ne lui ferai pas une guerre aveugle. Ce poison contient en lui des remèdes. Ceux qui l'attaquent obstinément et partout ont tort. Non seulement il a quelque utilité par lui-même, mais il n'est pas coupable des maux qu'il fait.

« J'ai la prétention d'être un socialiste aussi progressif que personne, et les intransigeances me plaisent. Mais je n'hésite pas à penser et à écrire que ceux qui se plaignent surtout du régime militaire, sont des

(1) Comité de défense des enfants traduits en justice, p. 579.

fils de bourgeois à la paresse desquels la dure vie de soldat répugne, et qui lui préfèrent la paresse de la vie civile. C'est la race odieuse des gardes nationaux, en Belgique des gardes civiques, qui veulent conserver au militarisme sa vanité d'uniforme et sa parade de meurtre ignoble, sans lui rien laisser de son rôle éducatif.

« Car cela aussi n'est pas niable. Le militarisme sert d'éducation à ceux qui n'en ont pas reçu. On donne quelque instruction dans nos écoles primaires. Pas un jeune Français, pas un jeune Belge ne reçoit, dans son enfance ni sa jeunesse, d'**Education**. Et si le militarisme donne une éducation critiquable à l'adolescent, au moins le met-il, au nom d'une discipline sociale, en contact avec la vie, ce qui vaut mieux que de ne pas lui donner d'éducation du tout. Je ne comprends les antimilitaristes que s'ils agissent au nom d'une discipline sociale plus parfaite. Alors : oui. Proposez-moi de remplacer le militarisme par une éducation puisée à la triple source du milieu, de la race et de la libre expansion de nos sentiments collectifs. Nous serons d'accord aussitôt.

« A cet égard, l'école ne peut suffire. Je parle de l'école telle qu'elle existe, et surtout des collèges et des externats laïques et même religieux. Je dis « même religieux », car si les écoles catholiques sont routinières et néfastes en ce qu'elles enseignent, elles sont peut-être moins mauvaises que les autres au point de vue éducatif. En tout cas, pédants laïques ou pions sacristains, les gens de l'école, tous bons pour le même sac, ne savent point harmoniser les âmes autour d'une tâche et cultiver dans l'expérimentation d'une œuvre la floraison de la fraternité. S'ils se querellent sur leurs propres mérites, ils s'entendent parfaitement pour cette nuisance.

« J'irai plus loin et je dirai qu'entre l'officier et le pédant, entre le soldat et le gratte-papier, entre l'école et l'armée, si la fatalité devait m'amener à choisir, je n'hésiterai pas. Un régiment est, à tout prendre, moins immoral dans sa brutalité qu'un pensionnat contemporain... »

L'auteur n'est pas de ceux qui croient que l'école peut procurer à la société les mêmes avantages qu'une armée de plus en plus « aérée et éclairée. »

La caserne est l'école du vice... et l'on ne sait que trop combien l'on a cherché à faire pénétrer dans les esprits cette idée de la débauche des jeunes soldats par les anciens.

II. — La débauche des jeunes soldats par les anciens.

Elisabeth Renaud, française, institutrice (page 98).

« La caserne, c'est, après avoir abdiqué le droit de vouloir, la chambrée infecte, la cohabitation avec des hommes de tout acabit, avec des anciens qui attendent les « bleus » pour se récréer grossièrement, cruellement, de leur ignorance, de leur naïveté ; pour leur tâter le gousset et les entraîner au cabaret et ailleurs. »

Pour répondre à cette objection, nous nous occuperons de la situation qui est faite au jeune soldat breton à la caserne.

Ce dernier est, en effet, particulièrement intéressant, puisqu'il arrive quelquefois au régiment ignorant le français, souvent après avoir perdu l'habitude de le parler. Isolé dans la chambrée, ce malheureux ne va-t-il pas être l'objet de railleries ? Non, car les brimades, sous quelque forme, sont réprimées avec la dernière rigueur, de même que les services rendus par les anciens soldats aux jeunes sont gratuits.

La circulaire ministérielle de M. Berteaux, en date du 28 septembre 1905, est venue rappeler à tous ces prescriptions formelles, rappeler aux anciens soldats leurs devoirs de « frères aînés » vis-à-vis des recrues.

« Avant l'arrivée des recrues, chaque Capitaine rappellera à ses gradés les prescriptions des Circulaires des 4 septembre 1888 et 14 juin 1899, *interdisant formellement toutes brimades ou vexations à l'égard des jeunes soldats.* Ces pratiques, inadmissibles dans une armée nationale, seraient, le cas échéant, réprimées avec la plus grande sévérité. Les officiers de peloton avertiront les anciens soldats qu'il leur est *interdit d'exiger ou même d'accepter une rémunération quelconque pour les petits services qu'ils sont à même de rendre à leurs jeunes camarades,* vis-à-vis desquels ils doivent se comporter comme des frères aînés.

« Le Capitaine présentera personnellement les recrues aux anciens soldats, et profitera de cette circonstance pour tracer aux uns et aux autres leurs devoirs réciproques. D'ailleurs tout le cadre présent de l'unité *concourra effectivement à la réception du groupe qui lui est affecté*, etc., etc. »

Cette réunion de famille prescrite par le Ministre de la Guerre a produit la plus heureuse impression sur l'esprit de tous ; cet appel à la camaraderie désintéressée a été entendu des anciens, tandis qu'il gagnait le cœur de conscrits prévenus contre la vie militaire.

Cependant, sous prétexte de dégourdir notre jeune breton, de le déniaiser, ne va-t-on pas le conduire dans les cabarets ou les mauvais lieux, pour s'amuser de sa naïveté ?

Grâce au recrutement régional, il n'en est heureusement plus ainsi, et, dans la même chambre, il y a d'autres bretons qui veillent sur leur jeune camarade. Parmi les gradés, plusieurs parlent cette langue qui paraît barbare pour les profanes.

Au début du XXe siècle, est-il permis, en effet, d'ignorer le français? Oui, croyons-nous, pour ceux qui sont toujours les premiers à l'assaut ou les derniers sur la brèche.

Pour ces recrues, nous ne devons rien négliger, car elles compteront demain parmi les soldats les plus dévoués et les plus disciplinés.

Sans chercher à les isoler de leurs autres camarades, ce qui serait un mal, il faut, pour leurs débuts, parfois un peu pénibles, les confier à des instructeurs qui connaissent leur langue, et cette méthode pratiquée dans nos régiments bretons a donné satisfaction aux hommes et aux gradés.

Dès les premiers jours enfin, dans quelques casernes, des causeries en breton, traduites en français, ont été faites par des officiers connaissant la langue bretonne.

Elles ont eu pour résultat de faire tomber le discrédit qui pouvait peser sur cette langue, de faire cesser les railleries et de faire comprendre aux soldats bretons qu'ils devaient mettre à profit leur séjour à la caserne pour apprendre le français.

Mais, en dehors des heures où le français est et doit être obligatoire, laissons les bretons se grouper le soir entre eux pour s'entretenir dans leur langue maternelle, et soyons toujours indulgents pour ceux que hante le souvenir du pays natal.

III. — L'amour du pays natal et la nostalgie.

C'est surtout en Bretagne que l'amour du pays natal est resté particulièrement vivace, et nous devons nous demander ce qu'on a fait à la caserne pour entretenir ce sentiment dans le cœur du soldat breton.

Tandis que les conférences agricoles ont contribué à développer l'amour de la terre, l'on n'a pas craint de se servir de la langue bretonne pour rappeler aux Bretons leur province, pour leur faire comprendre qu'au-dessus des langues ou des patois, il doit y avoir une langue commune à tous les Français.

L'amour du pays natal pousse profondément dans le sol breton de vigoureuses racines. Il nous a été donné de le constater dans les réunions du dimanche dont nous avons parlé plus haut. Les programmes de ces réunions dans lesquels figuraient des choses du pays breton, ont été ceux qui attiraient le plus nombreux auditoire. Citons l'un d'eux :

1° Danses et chants bretons. (Costumes du Finistère.)

2° La Bretagne et les Bretons. (Projections lumineuses et causerie.)

Nous avons constaté aussi que la bombarde et le biniou sont de merveilleux instruments qui mettent en fuite la nostalgie, cette maladie que l'on guérit en cultivant ses causes.

« Ecoutez les Bretons : c'est toute la Bretagne. »

N'est-ce pas en faisant jouer des airs du pays de Gascogne que Cyrano relève en des jours de sombre détresse le courage abattu de ses cadets. Que l'on ne vienne pas dire non plus que l'idée de patrie pourrait en être amoindrie :

> Tu vois, il a suffi d'un roulement de caisse !
> Adieu rêves, regrets, vieille province, amour...
> Ce qui du fifre vient s'en va par le tambour !
>
> (Acte IV. — Scène II).

Ne maudissons donc pas le mal du pays, l'un des meilleurs remèdes contre la dépopulation de nos campagnes (1) dont nous parlerons dans le chapitre relatif aux inconvénients économiques.

(1) Paul Meuriot. — *Des agglomérations urbaines dans l'Europe contemporaine, 1897* (Thèse pour le doctorat ès-lettres), chap. XIII, p. 308.

SECTION II

La caserne est l'école de l'obéissance passive et de la servilité. — La vie militaire développe les instincts grossiers en glorifiant le « meurtre ignoble. »

L'obéissance passive étouffe l'esprit d'initiative : le soldat s'en remet au chef du soin de penser pour lui, tandis que le chef lui-même a recours aux règlements militaires, ce qui encourage la paresse de l'esprit.

Cette assertion est fausse, et tous les moyens d'instruction et d'éducation sont employés pour développer chez les soldats l'habitude de la réflexion avant l'action.

Tous les règlements militaires sont conçus dans cet esprit, et, si quelques-uns sont nés seulement d'hier, ils ne sont que la consécration écrite de progrès réalisés et l'adoption de méthodes qui ont fait leurs preuves. Citons des extraits de ces règlements :

I. *Règlement sur les manœuvres d'infanterie* (3 décembre 1904), p. 9. — 5° « Développement de la réflexion et de l'esprit de décision, aussi bien dans la manœuvre, par l'initiative la plus large laissée aux exécutants, que, dans l'instruction, par la liberté accordée au chef responsable dans le choix des moyens à employer pour atteindre le but assigné. »

P. 27, art. 54. « L'instructeur fait toujours appel à l'intelligence de l'homme. »

P. 28, art. 58. « L'instructeur saisit toutes les occasions de développer le jugement et l'initiative du soldat en l'habituant à choisir les moyens qui répondent le mieux aux circonstances du combat.

« Il le place inopinément en face de situations très simples, l'oblige à agir de lui même et rectifie ensuite les fautes commises. »

A propos de la nécessité de développer l'esprit d'initiative et de décision à tous les degrés de la hiérarchie, voici ce que nous lisons dans le *Règlement du 31 août 1905 sur l'Instruction du Tir de l'Infanterie,* page 6 :

« Le commandement doit entrer résolument dans cette voie, la seule qui puisse mener au progrès.

« Si cette initiative ne donne pas, dès le début, tous les résultats qu'on est en droit d'en attendre, c'est qu'il n'est pas possible de secouer du jour au lendemain, le joug des réglementations trop étroites qui ont longtemps favorisé la paresse de l'esprit.

« Des fautes pourront être commises, elles ne devront être relevées qu'avec bienveillance. Toujours excusable lorsqu'elle est due à un acte d'initiative, la faute doit être mise à profit pour l'instruction.

« *L'inaction seule est sans excuse.*

« Il est rigoureusement interdit de limiter l'initiative de chacun par des prescriptions particulières. »

II. *Instruction pratique sur le service de l'Infanterie en campagne.* 2e partie, p. 181. — « En même temps que la valeur morale, il est nécessaire de développer la réflexion et le jugement. Dans ce but, on évitera de donner un enseignement sans montrer par des faits la réalisation de ce qu'on enseigne, sans faire toucher du doigt, pour ainsi dire, la raison des mesures ou des dispositions prises. On procédera méthodiquement, en ayant soin de ne jamais faire abstraction ni du terrain, ni de l'ennemi qui sera toujours, suivant les circonstances, supposé, figuré, représenté. »

Après ces citations, est-il permis d'affirmer qu'à la caserne il est défendu aux gens de penser, d'obéir en connaissance de cause.

On objectera encore :

Cependant le soldat reçoit bien des ordres et, les exécutant sur le champ, n'a pas le temps de réfléchir.

Sans doute, mais instruit déjà de la nécessité de ces ordres qui ont par exemple pour objet sa santé et celle de ses camarades, santé physique ou santé morale, non seulement il obéira en connaissance de cause, mais consciencieux et animé de l'esprit d'initiative, les ordres eux-mêmes auront été prévus et il n'y aura plus qu'à constater leur exécution.

Que sont, en effet, les ordres dans la vie ordinaire du soldat, sinon l'énoncé bref des règlements sous une forme impérative.

Que ces règlements soient connus, que leur esprit soit compris, et les ordres deviendront de plus en plus rares.

Dans ces conditions idéales, quel serait dès lors le rôle du chef? Enseigner leurs devoirs aux soldats, en exiger l'accomplissement par un contrôle actif, bienveillant ou sévère ; bienveillant pour ceux qu'à 20 ans ne décourage pas l'accomplissement quotidien d'un devoir obscur et pénible ; sévère pour ceux chez qui l'initiative constitue le droit à l'inaction : tel serait le rôle de celui qui commande, et tel est l'idéal que nous proposent les règlements militaires actuellement en vigueur.

Par une forte éducation morale, on s'est proposé d'atteindre cet idéal, car si le soldat n'obéit que par peur, par crainte des punitions, le jour où l'impunité lui est assurée, il se venge en quelque sorte d'une discipline devenue odieuse, et ne se conforme pas à des prescriptions dont l'intérêt est permanent. La nécessité de gagner le cœur et l'esprit de notre jeunesse à une obéissance consciente, volontaire et réfléchie, s'impose donc, et nous allons voir que les conditions mêmes dans lesquelles se fait sentir l'action morale du chef, permettent de poursuivre ce but avec les plus grandes chances de succès.

En effet, la vie militaire apporte pour les uns une sorte de trêve dans la lutte pour le pain quotidien, tandis que l'échange journalier et désintéressé de services réciproques fait taire chez les autres l'égoïsme que provoquent l'excès de bien-être, la rivalité des intérêts.

Ce nivellement égalitaire du bien-être, cette camaraderie désintéressée exercent la plus heureuse influence sur l'esprit, et le cœur devient accessible aux idées généreuses, à la nécessité de faire son devoir dans l'intérêt de la collectivité.

Les incidents de la vie commune permettent alors de montrer à l'homme que les fautes individuelles contre la discipline s'opposent à la coordination des efforts et que, très graves dès le temps de paix, elles deviendraient un danger pour le succès de nos armes. Aussi, le seul fait de dénoncer une faute de cette nature devant le groupe auquel appartient le soldat coupable, constitue en général la répression la plus salutaire, en même temps qu'il provoque la plus profonde surprise chez les jeunes gens auxquels on avait présenté la discipline sous la forme d'un caporalisme grossier. L'homme sent croître la responsabilité de ses actes, la discipline ainsi comprise le rend comptable de ses bonnes et de ses mauvaises actions vis-à-vis des autres soldats de l'escouade, de la section, de la compagnie. En effet, l'éloge des actes de loyauté, de courage, de dévouement, doit se faire dans les mêmes conditions, et, dès lors, naissent cette émulation pour le bien, ce mépris pour le mal qui rendent les soldats soucieux du bon renom du groupe auquel ils appartiennent. Mais plus le groupe est faible et plus l'individu se rend compte de l'influence de ses actes individuels dans la vie commune, aussi c'est dans la compagnie, la batterie ou l'escadron, que les chefs de ces unités développent cet esprit de solidarité qui prépare le cœur aux idées plus généreuses encore de dévouement et de sacrifices à la Patrie.

On accuse encore la caserne d'être « la cause de la déchéance de l'esprit individualiste en France. »

L'individu est absorbé et la vie militaire, disciplinant les masses, les habitue à l'obéissance passive et irréfléchie.

Nous avons montré que l'obéissance doit être consciente, volontaire et réfléchie. Enfin, le mot individualisme signifie-t-il anarchie ? et parce qu'un homme s'est soumis (faisant taire ses sentiments d'orgueil et d'égoïsme) à la discipline nécessaire aux groupes, a-t-il renoncé pour cela à penser et à réfléchir ?

Nous avons également vu que les règlements militaires, en raison des conditions dans lesquelles se déroulerait un combat moderne, insistent sur la nécessité de développer au plus haut degré l'esprit d'initiative et les qualités individuelles.

En effet, désormais, le tirailleur isolé ou par petits groupes, sera dans l'obligation d'agir en faisant appel à son jugement et aux enseignements qu'il aura reçus.

En résumé, on peut dire : l'instruction individuelle est la règle ; l'instruction du groupe, c'est la mise en œuvre des qualités individuelles.

L'instruction individuelle est la règle ; qu'il nous suffise de faire quelques citations :

I. ***Règlement sur les manœuvres de l'Infanterie***, page 26, art. 52. — L'instruction individuelle est la base de l'instruction militaire du soldat ; on ne saurait y consacrer assez de soin, de temps et de méthode.

II. ***Règlement sur l'instruction du Tir***, page 11, art. 6. — L'instruction individuelle du tireur est la base de toute l'instruction du tir.

ART. 7. — L'instruction est individuelle, c'est-à-dire qu'elle tient compte des aptitudes particulières à chaque soldat. Aucune progression n'est obligatoire.

III. *Méthode d'instruction pratique sur le service de l'Infanterie en campagne.* — L'instruction individuelle est la base de l'enseignement du service en campagne, car c'est le dressage minutieux de l'individu qui permet d'apprendre au soldat à agir soit isolément, soit en groupe, dans toutes les circonstances de la guerre.

Il faut exalter devant l'homme la grandeur des missions dont il peut être chargé, en lui montrant que le succès d'une opération repose parfois sur la perspicacité ou la bravoure d'un seul.

L'instruction du groupe est l'exception :

I. *Règlement sur l'Instruction de la gymnastique*, p. 13, art. 11. — Le travail d'ensemble commence seulement lorsque les exercices sont exécutés individuellement avec toute l'amplitude et toute la correction désirables. Son but est toujours le développement de chaque soldat ; il convient donc de ne jamais sacrifier la vigueur et la correction des mouvements à la simultanéité de l'exécution.

II. *Règlement sur l'Instruction du tir*, p. 10, art. 3. — Une instruction technique préparatoire met le soldat en mesure de tirer un bon parti de l'arme qui lui est confiée.

Le soldat devenu bon tireur, on lui apprend à employer son adresse et ses qualités individuelles, d'abord isolément, puis en groupe et sous la direction d'un chef, dans un but tactique déterminé, en faisant preuve de solidarité et d'initiative individuelle.

La vie militaire développe les instincts grossiers en glorifiant le « meurtre ignoble ».

On reproche en effet à la caserne d'exalter les vertus guerrières : le courage, l'endurance, l'abnégation, le dévouement.

Ces vertus sont cependant des vertus civiques et elles trouvent partout à s'exercer : chez le médecin qui s'expose dans les épidémies, chez le magistrat ou le professeur qui sacrifie tout à sa conscience, chez le père de famille dont le travail quotidien et pénible doit pourvoir aux besoins de sa femme et de ses enfants.

Et vous ne voulez pas qu'au soldat d'aujourd'hui, demain médecin, magistrat, professeur ou modeste travailleur, on enseigne ces vertus à la fois civiques et guerrières !

Exalter ces vertus, dira-t-on, c'est faire aimer la guerre, et il ne faudrait plus parler de ces héros qui sont morts pour la défense de la patrie !

Il serait aussi puéril de dire qu'un professeur de médecine ne rêve que maladies et épidémies, parce qu'il cite à ses élèves les noms de leurs héroïques aînés qui ont succombé victimes de leur dévouement.

Quant aux instincts grossiers que la guerre réveille chez les hommes peu cultivés, tout en reconnaissant que des actes cruels et perfides ont déshonoré les guerres du passé, nous n'en devons pas moins glorifier tous ceux que la France a trouvés prêts à sacrifier leur vie aux heures critiques de son histoire. Et qu'on ne vienne pas affirmer que la guerre ne peut pas se concilier avec la générosité, le désintéressement, le respect des personnes et des propriétés, car l'exemple des soldats de la première République nous montre que la force, mise au service de la justice et du droit, peut s'épanouir dans une brillante floraison de vertus civiques et guerrières.

Sans doute, il est facile, au mépris du droit des gens et des lois de la guerre, de représenter la guerre comme le meurtre et le pillage organisés, d'éloigner notre jeunesse du dévouement à la Patrie, de rendre difficile la tâche de l'éducateur militaire, « du militaire professionnel » qui doit s'efforcer d'élever le moral du soldat à la hauteur de la lutte contre l'invasion ou la servitude, lutte toujours possible tant que l'esprit de conquête et de spoliation n'aura pas cessé de pousser les peuples à l'assaut des peuples.

C'est à cette tâche que doit se dévouer le chef militaire, et sous prétexte de préparer les esprits aux solutions pacifiques de l'avenir, il ne lui est pas permis, à l'heure actuelle, d'enseigner aux jeunes Français que pour eux ne doit pas sonner l'heure du danger et du sacrifice.

Pour donner à la jeunesse le goût de l'action, il faut, à la caserne, « il faut que l'idée de tous et de tout soit le combat, et non de vivre tranquillement en faisant des exercices dont on ne connaît pas l'application (1). »

Devant les soldats il faut ouvrir souvent le livre des batailles, afin que l'héroïsme des ancêtres les encourage à payer sans compter leur modeste tribut à la Patrie.

A la caserne enfin, il faut poursuivre l'éducation patriotique commencée à l'école, et, pour ne pas séparer le passé des actualités vivantes du présent, l'histoire militaire contemporaine nous fournit une mine inépuisable de dévouements et de sacrifices dont le récit enflamme d'une noble émulation les moins ardents, prouve que la victoire reste toujours à ceux qui ne désespèrent pas de la Patrie.

Ce rapide aperçu nous permet d'opposer à ceux qui conçoivent la caserne comme l'école du vice, de la paresse servile pour la pratique du « meurtre ignoble », ceux qui la considèrent comme une école de préservation et d'améliorations morales, ceux pour lesquels la discipline est un frein salutaire aux instincts grossiers, à l'esprit de révolte contre l'autorité, ceux qui proclament au nom même des destinées de la Patrie la nécessité d'une forte éducation patriotique, la nécessité pour tous, enfin, de prévoir et de préparer l'avenir.

(1) ARDANT-DU-PICQ : *Etudes sur le combat.*

CHAPITRE III

Inconvénients et avantages de la vie militaire au point de vue économique.

SECTION I

Dépopulation des campagnes. — Influence de la vie militaire sur l'abandon des campagnes. — Dans quelles proportions ? — Les remèdes : camps d'instruction, visites d'établissements industriels et comparaison entre la vie urbaine et rurale, conférences morales et agricoles ayant pour objet de développer l'amour de la terre et du pays natal.

1. — Dépopulation des campagnes.

L'histoire nous enseigne que la ville a, de tout temps, exercé une puissante attraction sur l'habitant des campagnes. A Rome, au Moyen-Age, au cours de tous les siècles, de nombreuses voix s'élèvent contre l'abandon des campagnes, des écrivains s'indignent de la mollesse et des vices de leurs contemporains, les accusent de préférer le luxe et les plaisirs des villes aux rudes labeurs des champs. Hier, comme aujourd'hui, enfin, on accuse le service militaire d'être une cause active de la dépopulation des campagnes.

Hier, c'est la peur de la milice qui pousse vers les villes les fils des fermiers un peu aisés. « Les fermiers un peu aisés font prendre à leurs enfants des professions dans les villes pour les garantir de la *milice ;* et ce qu'il y a de plus désavantageux pour l'agriculture, c'est que non seulement la campagne perd les hommes destinés à être fermiers, mais aussi les richesses que leurs pères employaient à la culture des terres (1). »

(1) Article « *grains* » de l'Encyclopédie.

Aujourd'hui, c'est le *service militaire* obligatoire pour tous qui développe chez le paysan le goût de la vie urbaine, le mépris de la vie rurale.

Cette accusation contre la vie militaire est très grave, au moment où la dépopulation de nos campagnes semble avoir pris un caractère particulièrement alarmant. En effet, de nombreuses et fortes études, nous montrent qu'il y a dans ce mouvement d'émigration de nos populations rurales un danger au point de vue économique, un sujet de sérieuses inquiétudes au point de vue social.

Au point de vue économique : les campagnes se dépeuplent, « la terre se meurt » faute de bras, les villes augmentent à l'excès leur population et les malaises se multiplient ; le chômage, l'avilissement des salaires, le renchérissement des denrées provoquent le découragement et la misère. Au point de vue social, on peut craindre de voir disparaître, dans la misère et le vice, des quartiers trop populeux de nos centres urbains, ces précieuses réserves de forces physiques et de santé morale, ces saines traditions de travail et d'épargne sur lesquelles on avait pris l'habitude de fonder de légitimes espérances. « Les villes sont des mangeuses d'hommes. » Et tous les auteurs, après avoir signalé ce double danger, recherchent les causes du mal, les moyens de l'enrayer. Les causes de la dépopulation de nos campagnes, écrivent-ils, sont nombreuses : l'industrie concentrée dans les villes, les moyens de communication, l'élévation des salaires urbains par rapport aux salaires agricoles, mais surtout, ajoutent-ils, le *service militaire*, et cela est d'autant plus alarmant qu'il n'y a point de remède. Les faits, comme nous le verrons plus loin, donnent malheureusement raison à tous ceux pour lesquels la vie militaire est une des causes les plus actives de la dépopulation de nos campagnes, aussi devons-nous rechercher dans quelle mesure la vie militaire est responsable des maux dont souffrent l'agriculture et l'industrie, nous demander si, près du danger, ne se trouvent pas les moyens de le conjurer.

II. — Influence de la vie militaire sur l'abandon des campagnes.

Seule la vie militaire met-elle en contact la campagne et la ville ? Aujourd'hui beaucoup de jeunes paysans, avant l'accomplissement de leur service militaire, ont déjà fait connaissance avec la ville voisine où les appellent leurs affaires ou même uniquement leurs plaisirs. Alors c'est seulement sous les dehors les plus séduisants que la tentatrice apparait au jeune villageois. A la ville, c'est tous les jours que les gens se promènent en habits de fête ; au village, c'est seulement le dimanche. A la ville on travaille moins puisqu'on a le temps de flâner, les salaires sont plus élevés puisque l'on peut porter de si beaux atours. Enfin, de tous côtés, les affiches brillantes de la réclame lui montrent les satisfactions que peut s'offrir l'habitant des villes : Habille-toi bien... chauffe-toi... soigne-toi... amuse-toi... et sur de jeunes imaginations l'effet est assez grand pour que déjà puisse germer dans l'esprit de l'enfant du paysan l'idée d'abandonner la terre et son labeur ingrat. Cette terre que ses parents aiment et que devant lui ils ne cessent de maudire sous la forme de plaintes incessantes.

En sera-t-il de même pendant ce séjour que le service militaire lui impose dans nos centres urbains ? La ville se présente maintenant à l'habitant des campagnes sous son véritable aspect. Tous les jours, quand il sort de la caserne, à la porte même, il voit distribuer des aliments, non seulement à des femmes, à des vieillards, à des enfants, mais à de jeunes ouvriers que le chômage condamne à la mendicité. Plus loin, dans la rue, ce sont des gens misérablement vêtus, usés par la misère et l'alcool, qu'il rencontre, et le paysan observe, le paysan réfléchit. Faute de connaître suffisamment la ville, il aurait pu se laisser tenter ; la connaissant mieux, il retourne sans regrets à sa primitive existence. Mais nous devons reconnaître que si le spectacle de la misère de nos villes réconcilie quelques soldats avec la terre qui nourrit au moins ceux qui la cultivent, le plus grand nombre se laisse encore séduire par le mirage des salaires élevés, la perspective d'un emploi où la retraite assure le pain des vieux jours.

III. - Dans quelles proportions les paysans abandonnent-ils la campagne après l'accomplissement de leur service militaire ?

En Bretagne, nous avons cru remarquer que 7 à 8 % des soldats incorporés comme laboureurs restent à la ville ou y retournent quelque temps après leur libération. Mais ces chiffres, relativement faibles dans une région où l'amour du pays natal exerce sa puissante influence, deviennent très élevés dans les autres provinces de la France, dans les garnisons où le service des places et l'éloignement des terrains de manœuvres condamne le soldat à vivre comme les citadins. L'instruction militaire se donne dans les cours des casernes, sur les places publiques. Eloigné des champs, privé de la vue réconfortante des travaux qui lui sont habituels, le paysan prend goût à la vie facile des villes, contracte parfois des habitudes de plaisir et de boisson qu'il sait ne pouvoir conserver au village. On peut affirmer que la proportion des ruraux qui désertent la campagne est d'autant plus grande que la population des villes où ils tiennent garnison est élevée.

Régiments d'infanterie stationnés à Paris..............	37 %
— — à Lyon..............	21 %
— — à Marseille...........	19 %
Régiments d'infanterie stationnés dans 5 garnisons de 15 à 50.000 habitants............	13 %

Pour l'ensemble de l'armée on peut admettre une moyenne de 15 %, soit pour les campagnes, une perte annuelle de 20 à 25.000 ruraux.

Ces chiffres résultent d'une enquête poursuivie par M. le capitaine Herzeele et nous les trouvons dans une étude qu'il vient de publier : *Le Problème des Milices* (p. 177).

Devant de pareils chiffres s'impose la nécessité de combattre les influences du milieu dans lequel le service militaire a placé le paysan. Le mieux serait sans doute d'éloigner le soldat de nos villes en multipliant les exercices à l'extérieur, en augmentant la durée des séjours de nos troupes dans les camps d'instruction. De cette façon le paysan continuerait à voir les champs, à s'intéresser aux travaux agricoles dont le spectacle s'offrirait tous les jours à ses yeux. C'est possible dans les petites garnisons, et, depuis quelques années, les cours des casernes où *l'infanterie s'ennuie*, les places publiques où les désœuvrés s'amusent des maladresses de nos recrues, ont été abandonnées pour la campagne. De plus en plus, c'est sur les routes et dans les champs que se donne l'instruction du soldat en vue de la guerre, la seule qui doive aujourd'hui faire l'objet de nos préoccupations, et ce sont là des progrès que nous devons enregistrer, autant au point de vue social qu'au point de vue militaire. Malheureusement il n'en est pas ainsi dans les grands centres urbains où, comme nous l'avons déjà dit, l'éloignement des terrains de manœuvres et le service des places obligent le soldat à vivre dans les villes. Aussi dans les garnisons importantes la proportion des paysans qui renoncent à la vie rurale est très grande. Sous tous les rapports, les grandes villes offrent de graves inconvénients et les troupes qui s'y trouvent devraient les abandonner tous les ans pour un séjour de plusieurs mois dans les camps d'instruction. Tel est l'avis de nos chefs militaires les plus autorisés qui demandent que progressivement on substitue à l'armée-caserne de nos villes l'armée en campagne dans les camps d'instruction. Mais en attendant que cette réforme puisse se réaliser, quels sont les remèdes que nous pouvons employer contre la dépopulation des campagnes ?

En particulier, comment pourrons-nous montrer aux paysans d'une façon saisissante l'existence réelle que mène l'ouvrier des villes ? On a prescrit de faire visiter aux soldats des établissements industriels et des esprits chagrins se sont plaints de cette heureuse innovation, ignorant tout le parti qu'on peut en tirer. De cette façon, en effet, l'habitant des campagnes saura ce qui se passe dans ces usines dont il voit les hautes cheminées dominer la ville. Il y verra l'homme esclave de la machine, il saura que l'ouvrier travaille 10 ou même 12 heures par jour pendant environ 300 jours de l'année. Les soldats le verront exécuter des besognes toujours les mêmes, courbé sous une discipline indispensable à l'usine, dans une atmosphère parfois viciée. Le paysan observe, et ne croyez-vous pas qu'une comparaison puisse s'établir dans son esprit ? Où est la bonne odeur des foins ? Où sont les travaux variés de la campagne exécutés presque en famille dans beaucoup de nos fermes ? La vie à la campagne, c'est la liberté et le grand air, c'est le rêve et le besoin de chacun de nous.

Aussi nous sommes persuadé que ces visites dans les usines ont pour résultat d'instruire quelques-uns et de faciliter vis-à-vis des autres la tâche de l'officier. Après l'une de ces visites, en effet, il sera facile de montrer à l'habitant des campagnes tout l'intérêt qu'il y a pour lui à retourner au village, facile de lui montrer que c'est surtout au paysan qui déserte les champs que s'appliquent ces vers du poète :

> L'homme épris d'une ombre qui passe
> Porte toujours le châtiment
> D'avoir voulu changer de place.

Sous tous les rapports, la comparaison entre la vie de l'ouvrier des villes et celle du paysan semblerait devoir gagner à la cause de l'homme des champs les plus incrédules. Enfin le mirage des salaires plus élevés lui-même cessera de détourner de leurs champs les paysans qui auront vu que ces salaires sont insuffisants, puisque dans l'atelier voisin du mari ou du père, ils ont vu travailler la femme et même les enfants, à partir d'un certain âge. Aux salaires élevés, il faut opposer le coût de la vie dans des villes et presque l'impossibilité de réaliser des économies. Alors la prévoyance du paysan s'alarmera, surtout si on évoque devant lui le souvenir de tous ceux qu'il a peut-être vus partir à la ville avec l'espoir de faire fortune et qui sont revenus au village pauvres et découragés.

Pour achever de le convaincre, il suffira, croyons-nous, de lui montrer au moyen de projections lumineuses les bas-fonds de nos villes, les petits métiers que son ignorance le condamnera à exercer.

Et toutes ces questions constituent un ensemble de causeries que de nombreux officiers ont entrepris de faire aux soldats. Leur utilité est incontestable, si l'on songe que de tous les côtés s'offrent aux paysans des emplois : chemins de fer, travaux publics, domesticité de plus en plus grande dans les villes, etc...

Conférences agricoles.

On a voulu mettre en honneur les travaux des champs tout en cherchant à les rendre plus productifs, et pour réaliser ce double but, on a organisé dans nos casernes des conférences agricoles.

Des professeurs d'agriculture ont généreusement répondu à l'appel qui leur était adressé et, grâce à eux, les soldats apprennent à la fois à défendre leur pays et à rendre son sol plus prospère.

Une question que nous croyons cependant devoir signaler, parce qu'elle est particulièrement difficile à mettre en lumière dans l'esprit méfiant du paysan de notre région :

« Du rôle de l'association en agriculture : Caisses de prévoyance rurale, mortalité du bétail, Crédit agricole, Mutualité rurale, etc. »

Il est très difficile de faire comprendre que l'union substitue la force à la faiblesse de l'isolement, surtout lorsqu'on ajoute qu'il faut payer une cotisation, et il semble qu'il y ait peu de résultats à obtenir dans cet ordre d'idées.

Tel n'est pas notre avis, et voici pourquoi :

Les soldats, a-t-on dit avec assez de raison, sont de grands enfants ; les enfants aiment les histoires, les paysans aiment les animaux au milieu desquels ils vivent pour ainsi dire. Rien ne les amuse comme de voir prêter aux animaux notre langage, nos qualités et nos défauts. Aussi les fables de La Fontaine sont-elles une mine inépuisable où l'on trouve de nombreux exemples de solidarité de nature à développer le goût de l'association.

Enfin, M. Gide, dans ses conférences de propagande en faveur de la Coopération, nous raconte une histoire de nature à frapper l'esprit du paysan breton et du soldat ; on y parle, en effet, de louis d'or, de gros sous, d'un anglais et d'une bonne d'enfants.

« Un jour, un Anglais fit le pari qu'il se tiendrait sur le Pont-Neuf, à Paris, de huit heures du matin à midi, offrant de changer des louis d'or contre des pièces d'un sou, et que personne ne lui en prendrait.

« En effet, chaque passant, auquel il offrait ses pièces d'or pour un sou, haussait les épaules en disant : « Faut-il me croire niais pour « penser que je vais me laisser attraper de la sorte ! » Quelques-uns menacèrent de le faire arrêter comme filou. En vérité, l'Anglais allait gagner son pari, car midi était près de sonner, quand, par malheur pour lui, une nourrice vint à passer avec son bébé qui, à la vue des pièces d'or, se mit à crier qu'il en voulait des belles pièces d'or. La bonne eut beau essayer de le consoler, l'enfant cria si fort qu'elle finit par s'exécuter en se disant, qu'après tout, ce n'était qu'un sou de perdu !

« Lecteurs, voilà l'histoire de la coopération.

« Echanger les misères de l'organisation sociale actuelle contre l'organisation coopérative, c'est échanger un sou contre une pièce d'or. »

Tous ces remèdes sont excellents et leurs résultats ne sont pas niables, mais celui qui nous paraît encore le meilleur, est celui qui consiste à développer ou à entretenir dans le cœur des soldats l'amour du pays natal.

En résumé, la lutte contre la dépopulation des campagnes est entreprise à la caserne, et l'on peut se demander si la réduction du service militaire et l'extension du recrutement régional n'exerceront pas une heureuse influence sur les décisions futures de nos jeunes paysans. L'avenir nous renseignera à ce sujet et, en attendant, retenons ce que l'on fait à la caserne en faveur des campagnes.

1° Le soldat vit moins dans nos villes ; les camps d'instruction sont plus nombreux et plus fréquentés.

2° Visites d'établissements industriels et comparaison entre la vie urbaine et la vie rurale.

3° Conférences morales et agricoles ayant pour objet de fortifier le goût de la terre, de mettre en honneur les travaux des champs.

4° Développer et fortifier l'amour du pays natal en rappelant les mœurs et les traditions de chaque province.

SECTION II

Rapport entre le développement de la puissance militaire d'un pays et son expansion économique. — L'armée gaspille les forces et les richesses de la nation. — Les militaires sont des improductifs, des parasites.

Presque tous les auteurs qui ont répondu au questionnaire de l'*Humanité Nouvelle*, assignent à toute organisation militaire un caractère improductif et stérile.

Nous ne devons pas nous en étonner, puisque tous les jours nous entendons dire : c'est une charge écrasante pour les contribuables de nourrir cette armée formidable qui ne produit rien et qui consomme ; puisqu'au sein même du Parlement on dénonce les charges économiques que notre armée impose au pays.

En résumé, nous lisons dans l'*Humanité Nouvelle* :

1° A mesure que le militarisme se développe dans un pays, son expansion économique s'atrophie, puis... c'est la ruine.

2° Il faut conclure à un double gaspillage : « gaspillage humain », puisque le service militaire arrache tous les ans à l'atelier et aux champs des milliers d'intelligences et de bras ; « gaspillage de richesses », puisqu'elles sont dépensées à transformer ou à perfectionner les engins que nécessite « l'art de s'entretuer ».

3° Les militaires ne produisent pas, ce sont des improductifs, des parasites, et, en cas de désarmement, l'un des auteurs d'une réponse au questionnaire serait assez généreux pour traiter « les militaires professionnels » comme « des malades qu'il faudrait soigner » !

4° Le problème du rapport qui existe actuellement entre la situation économique et financière d'un pays et sa puissance militaire est complexe, plus complexe que ne le veulent les partisans du désarmement.

La puissance militaire de l'Allemagne se développe tous les jours de plus en plus. Pour son armée, elle ne néglige ni les études ni les dépenses, et elle est à la veille de nous enlever nos marchés et de devenir une rivale dangereuse pour l'Angleterre. En effet, de 1891 à 1903 les dépenses d'ordre militaire allemand ont augmenté de 386 millions de francs, ou 55 p. %.

L'Angleterre est la première puissance commerciale du monde, et de 1891 à 1904 ses dépenses d'ordre militaire ont augmenté de 930 millions de francs, ou 117 p. %.

Il est peut-être permis de se demander si l'Angleterre et l'Allemagne, l'Angleterre surtout, si pratique, ont fait de pareils sacrifices en faveur d'institutions improductives et stériles.

Ces sacrifices sont en rapport avec leurs besoins d'expansion économique, et quelles sont les modestes aspirations de ces deux grandes puissances ?

« L'œil ouvert sur tous les points du monde où il y a une place à prendre, un marché à achalander, principalement aux aguets au Maroc comme dans la vallée de l'Euphrate, aux Etats-Unis comme au Brésil, au Siam comme en Chine, l'Allemagne de demain, militaire et navale, industrielle et commerçante, compte parler haut et clair, sans souci de ceux, amis, rivaux ou autres, qui gêneront sa route (1). »

(1) *La France et la situation Européenne* (Eug. Etienne, p. 25).

« Quel a été le point de départ du mouvement impérialiste anglais? L'expansion économique de l'Allemagne, le développement rapide de sa marine marchande, de son industrie métallurgique, de son exportation dans les pays d'outre-mer où le produit anglais régnait jadis en maître. Et sous quelle forme tangible ce mouvement s'est-il manifesté? Par des augmentations successives des dépenses d'ordre militaire unanimement réclamées par l'opinion publique anglaise (1). »

On doit se demander maintenant ce qui s'est passé en France où l'on nous a invités à « fermer le livre des batailles » et à tout attendre du droit, du droit seul...

En France, de 1891 à 1903, les dépenses d'ordre militaire ont augmenté de 115 millions de francs, soit 13 p. %, contre 55 p. % en Allemagne et 117 p. % en Angleterre (2).

C'est bien suffisant, dira-t-on, puisque nous désirons la paix et que l'idéal d'une démocratie ne saurait être celui des États monarchiques. Cependant le budget militaire des Etats-Unis s'élève à un milliard et demi de francs, et l'illusion du Tzar au sujet du désarmement ne fut jamais partagée par le Président Roosevelt.

« Si les grandes nations de notre époque se mettaient toutes à désarmer, il en résulterait, sous une forme ou sous une autre, une recrudescence immédiate de barbarie. » Bien que l'Amérique jouisse d'une situation géographique privilégiée, c'est de ce pays que nous vient l'apologie exaltée des grandes armées permanentes, « des magnifiques organisations militaires de l'Europe » ; c'est de ce pays que nous viennent les salutaires conseils de ne pas haïr autrui, mais de ne pas se haïr soi-même, sous peine de se livrer aux « Barbares du dedans comme aux Barbares du dehors » lorsque déjà « le sol tremble sous nos pieds (3). »

Que les partisans de la paix à tout prix soient donc plus francs. Est-ce l'amour du Droit qui nous fait détester la guerre, ou bien voulons-nous la paix simplement parce que nous avons peur de la guerre, que nous voulons renoncer à faire jaillir du fourreau les

(1) *La paix armée* (Edmond Théry, p. 39).
(2) *La paix armée* (Edmond Théry, p. 49, 50, 51).
(3) *Le salut de la race blanche et l'empire des mers* (Mahan, traduit par Izoulet).

claires épées, même quand il s'agit du plus pur idéal à défendre. Pourquoi ne point vouloir nous convaincre que dans l'état actuel de l'Europe, seule la Force impose le respect et fait observer le Droit.

Qui donc est intervenu officiellement contre l'Angleterre pendant la guerre du Transvaal ?

2° Il faut conclure à un double gaspillage : gaspillage humain, gaspillage de richesses.

a) Gaspillage humain.

Sans doute on ne peut nier que la présence de 26.000 officiers et de 600.000 hommes sous les drapeaux, ne soit des forces perdues pour le développement de notre production.

Il y a là un capital immobilisé, mais l'on s'efforce par tous les moyens de lui donner une plus-value ; plus-value de force physique, d'expérience de la vie, de volonté, de conscience du devoir.

Au point de vue strictement économique même, nous avons le droit d'espérer que l'enseignement professionnel à la caserne, hier à l'étude, aujourd'hui mis en pratique, contribuera à conserver ou à développer son habileté professionnelle chez notre jeunesse laborieuse.

b) Gaspillage des richesses.

Les capitaux dépensés pour l'armée et la marine constituent pour ainsi dire « une prime d'assurance » contre la guerre.

Tout le monde a mis en lumière le prix très élevé de cette prime, mais ce que personne ne saurait évaluer, c'est la valeur de l'ordre social, toujours menacé tant qu'il y aura des fous et des criminels ; c'est la valeur d'une paix toujours précaire tant que nous aurons des voisins qui ne cessent de faire des sacrifices pour leurs forces militaires.

A quel prix enfin devons-nous estimer l'instruction des classes rurales et l'éducation du plus grand nombre des jeunes Français ? Non. Le milliard de francs que nous consacrons chaque année à notre défense ne va pas se fondre, comme on se plait trop à le répéter dans les creusets de nos arsenaux. Les dépenses militaires ne sont pas des dépenses stériles, et elles contribuent à augmenter l'activité industrielle, commerciale et agricole, de notre pays, témoin l'empressement de toutes les municipalités de nos villes à faire des sacrifices quand il s'agit pour elles de conserver leur garnison ou d'obtenir de nouvelles troupes.

3° Les militaires ne produisent pas... Comme si, dans une société, les producteurs seuls, au sens strict du mot, avaient le droit de vivre. Il faut des producteurs de force physique, d'énergie, de morale, comme il y a des producteurs de science, de justice, de santé, etc. Le soldat est producteur de sécurité. Et la sécurité, c'est la vie ! Le moindre soldat d'infanterie qui n'a qu'un sou dans sa poche, est un énorme capital, il produit la confiance et partant la richesse.

Pour notre part, nous ne voudrions pas vivre dans un pays dont le programme serait : production et consommation.

Ce pays, en effet, aurait beau amasser des richesses, déployer le génie le plus merveilleux (ce qui serait du reste impossible avec un pareil programme), il serait à la merci du premier conquérant qui envahirait son territoire.

Pour la France, une question se pose aujourd'hui qui prime toutes les autres : être ou ne pas être. L'armée est chez nous une condition de vie. Et le budget de la guerre n'est, comme nous l'avons dit plus haut, qu'une prime d'assurance — lourde assurément — qui nous garantit la sécurité du lendemain.

En résumé, les effets économiques ne sont pas aussi déplorables qu'on se plait à le répéter, et nous avons vu que l'argent des contribuables, consacré aux dépenses militaires, leur est en partie restitué. Enfin, pour se défendre contre ses propres impatiences, pour se faire respecter au sein de l'Europe transformée en un vaste camp de soldats, une démocratie jeune et ardente serait coupable de ne point conserver ses armes, coupable de consentir à un désarmement matériel, et surtout à ce désarmement moral qu'on semble lui conseiller depuis quelques années.

CHAPITRE IV

Inconvénients et avantages aux points de vue intellectuel, politique et social.

SECTION I

La suppression des dispenses constitue un danger pour l'intellectualité du peuple français. — Le nombre des illettrés à la caserne et la nécessité de l'instruction primaire. — Où sont les instituteurs ? — C'est à la caserne que doit se donner l'instruction primaire. — L'œuvre commencée à la caserne doit être achevée le soir, en ville, dans des cours d'adultes.

Le régime actuel crée-t-il, comme on ne cesse de le répéter, un véritable danger pour l'intellectualité du peuple français ? La loi du 21 mars 1905 sur le recrutement de l'armée constitue-t-elle une mesure d'obscurantisme ? Un grand nombre de carrières seront brisées et « quelques génies naissants étouffés dans l'œuf par le militarisme. » Telle est l'argumentation de ceux qui, depuis seize ans, profitaient des dispenses de la loi de 1889, lorsqu'ils n'en abusaient pas.

Leurs doléances sont-elles fondées ?

Des carrières brisées !...

Nous ne voyons pas comment la lutte pour la vie sera plus difficile pour les uns que pour les autres, puisqu'elle commencera pour tous dans les mêmes conditions et vers le même âge.

Au point de vue intellectuel ?

Le soldat, paysan ou bien ouvrier, trouve le temps de s'instruire à la caserne (instruction primaire, cours d'adultes, etc.), et la jeunesse studieuse de nos Universités ne trouverait pas les mêmes loisirs pour continuer ses études ? La volonté tenace et courageuse des uns serait-elle supérieure à celle des autres ? En insistant, on nous forcerait à le croire.

Enfin citons l'une des meilleures réfutations de ces arguments qui a été présentée à la Commission sénatoriale de l'armée par M. Chaumié :

« Le service de deux ans sera une gêne sans doute, mais n'entraînera pas une impossibilité. Après avoir acquis une culture générale au cours de ses études classiques, et conquis son diplôme de bachelier vers l'âge de 18 ans, l'élève qui se destine à l'étude du droit pourra s'engager et terminer son service militaire vers la 20e année.

« Ces deux années très favorables au point de vue de son développement physique, ne le seront guère moins au point de vue moral. Ce sera pour lui une période d'incubation, de cristallisation des études passées, avant d'entrer dans la voie définitive et spéciale qu'il aura choisie. Il pourra ensuite se livrer à ses travaux en pleine quiétude d'esprit, sans être comme aujourd'hui troublé par la crainte d'échouer à l'échéance fatale. »

C'est dans ce sens qu'a été rédigé l'art. 50 qui permet aux jeunes gens d'aborder de bonne heure (20 ans) certaines carrières, ou de poursuivre leurs études à partir du même âge, puisqu'il leur permet de s'engager à 18 ans.

On pourrait objecter encore que certaines études demandent à être poursuivies avec esprit de suite. L'article 21 prévoit cette objection et accorde des sursis d'incorporation renouvelables d'année en année, jusqu'à l'âge de 25 ans, aux jeunes gens, dans l'intérêt de leurs études, de leur apprentissage, pour les besoins de l'exploitation agricole, etc.

Les inconvénients n'existent donc point avec la gravité qu'on voudrait leur attribuer, tandis que les avantages intellectuels que les classes rurales retirent de leur passage sous les drapeaux, ne sont généralement pas appréciés à leur juste valeur. Pleins de confiance dans la loi sur l'instruction primaire gratuite et obligatoire, quelques-uns ignorent le nombre des illettrés que l'armée française incorpore tous les ans, le nombre des jeunes paysans qui apprennent à lire et à écrire à la caserne. Sans doute tout le monde sait qu'en Bretagne l'ignorance est grande, mais s'imaginerait-on que certains régiments, celui de Quimper, par exemple, incorporent de 40 à 50 p. % d'illettrés complets, un bataillon sur deux ? s'imaginerait-on surtout que pour toute la France la moyenne des illettrés est de 10 p. % ? Cependant telle est la proportion qui résulte d'une enquête poursuivie il y a quelques mois par le journal *le Matin*, et la nécessité s'impose pour l'armée et la société de se libérer de cette foule d'illettrés.

A la caserne cette œuvre est entreprise. Officiellement, une heure par jour est consacrée à l'enseignement primaire, mais le zèle des maîtres et la persévérance des élèves les réunissent souvent dans la chambrée, le soir, après les exercices de la journée. Et, pour notre part, nous connaissons des sous-officiers dont la chambre a souvent servi de refuge aux modestes études des soldats de leur section. Cependant, nous devons reconnaître que l'instruction primaire est généralement donnée dans des conditions défavorables, au moyen de moniteurs improvisés, puisque les jeunes instituteurs sont appelés à faire partie des pelotons de dispensés.

Mais leurs aînés ont répondu à l'appel qui leur a été adressé, et, plusieurs fois par semaine, les pauvres bleus illettrés reçoivent les premières notions d'enseignement primaire dans les écoles communales ou les Universités populaires de nos villes, et voici ce qu'écrit à ce sujet, de Bourges, l'un des correspondants du *Matin* :

« Des cours d'adultes pour les militaires fonctionnent depuis trois ans, à Bourges, sous les auspices de l'Université populaire de cette ville. Les constatations que la fréquentation de ces cours permettent d'enregistrer, chaque année, sont, à ce sujet, d'une éloquence navrante. Ainsi, sur trois cent cinq soldats qui les suivent, cet hiver, on compte cent seize illettrés. Qu'on veuille bien remarquer que ces jeunes gens, dépourvus d'instruction, ne viennent d'aucun pays arriéré, mais qu'ils sont originaires du Cher ou des départements limitrophes.

« Tous ces adultes, que l'Université populaire accueille, et plus particulièrement les illettrés, ont le vif désir de s'instruire. Mais ils n'allaient point cependant à la classe du soir de l'école de leur village, de crainte d'étaler leur ignorance aux yeux de leurs camarades.

« Nous estimons que ce qui réussit si bien à Bourges, peut se faire dans toutes les villes de garnison. Toutefois, ce qui manque encore, dans un grand nombre de centres importants, c'est, soit une Université populaire, soit un cercle de la Ligue de l'Enseignement. Mais il est possible de créer partout une société de ce genre, en faisant appel à la générosité des amis de l'enseignement laïque. D'ailleurs, nulle part, croyons-nous, le concours du Conseil général ne ferait défaut pour subventionner une telle institution, si nous en jugeons par la libéralité de l'assemblée départementale du Cher qui vote chaque année un crédit de mille francs. »

Nous sommes heureux d'enregistrer tous ces efforts, et nous sommes persuadé qu'ils seront couronnés de succès le jour où, dans nos Compagnies, se substitueront aux moniteurs improvisés les soldats instituteurs. Demain se réaliseront ces espérances, puisque les pelotons de dispensés auront vécu. Alors, enfin, la Compagnie deviendra une véritable famille dont les fils aînés par l'instruction (étudiants, instituteurs, etc.) ne seront plus séparés de leurs cadets qu'ils ont ignorés jusqu'à ce jour.

Sans doute, au point de vue militaire, pour donner une direction d'ensemble aux travaux de cette jeunesse instruite où seront recrutés les officiers de l'armée active ou de la réserve, il sera nécessaire d'organiser des cours spéciaux, de sanctionner par des examens les connaissances militaires acquises, mais ces futurs chefs militaires devront vivre de la vie commune, et, dans leur Compagnie, collaborer à l'instruction et à l'éducation de leurs camarades. On ne saurait mieux les préparer au rôle éducatif qu'ils doivent pouvoir remplir, et c'est à un régime analogue que l'on soumet actuellement les sous-officiers candidats à l'Ecole militaire de Saint-Maixent. Agir autrement, ce serait, du reste, méconnaître l'esprit de notre nouvelle législation militaire, et priver sans profit, croyons-nous, notre jeunesse des joies dont nous parle Michelet. « J'ai gardé, dit-il, de mes années de pauvreté un sentiment profond du peuple, la pleine connaissance du trésor qui est en lui — la vertu du sacrifice — le tendre souvenir des âmes d'or que j'ai connues dans les plus humbles conditions. »

SECTION II

LES INCONVÉNIENTS DU MILITARISME AU POINT DE VUE POLITIQUE ET SOCIAL

Ils sont déplorables, nous dit-on.

1° « L'armée, c'est le réservoir de la tyrannie et le militarisme tient le pays à la merci d'un coup d'Etat. »

2° « Le corps des officiers constitue une « caste spéciale » privilégiée et prête à la révolte contre l'autorité civile. »

Il est assez curieux de constater qu'on reproche à notre armée nationale, au peuple en armes, de créer des dangers analogues à ceux que l'on pouvait redouter d'une armée de métier ou d'une armée dans laquelle les chefs recrutaient et payaient leurs soldats.

Ceci suffirait à prouver aux moins clairvoyants que tous les arguments, même les plus faibles, sont bons pour cette lutte sournoise et injuste contre nos institutions militaires, pour cette propagande coupable qui a pour objet d'éloigner notre jeunesse de ses devoirs militaires.

Nous prétendons, en effet, que ces arguments sont faibles :

1° La dictature militaire.

Personne n'y songe, personne ne la veut, elle est impossible.

a) Personne n'y songe.

« *Le militaire professionnel* » subordonné aux lois civiles cantonné dans son rôle d'instructeur et d'éducateur, a compris que celui qui possède les armes, doit obéissance au pouvoir qui commande, et hier, en des heures de troubles et de désordres, il n'a pas hésité à sacrifier sa vie pour ramener l'apaisement dans des esprits égarés.

Respectueux du régime que la France s'est donné, le loyalisme des chefs militaires est demeuré irréprochable, et, devant enseigner l'obéissance aux lois, dans toutes les circonstances, ils se sont inclinés devant elles, et si l'on peut avoir quelques griefs contre certains d'entre eux, est-ce une raison pour vouloir les faire expier à tous ?

b) Personne ne la veut.

Dans une démocratie pacifique, personne ne peut vouloir élever un pouvoir qui ne se maintient que par le prestige de la gloire militaire, quelquefois même au mépris des intérêts généraux du pays.

c) Elle est impossible.

Le problème du militarisme et tous ses inconvénients, lorsqu'on prend ce mot dans un sens défavorable, n'existent pas en France.

Nos institutions militaires sont en effet d'accord avec nos institutions politiques. Nos institutions militaires reposent sur cette idée que tous les citoyens valides d'une même nation doivent se préparer à pouvoir la défendre au jour du danger : égalité des droits, et, comme corrélation, égalité des devoirs.

Tant que les républiques antiques ont appliqué le principe des institutions militaires à base nationale, si l'on peut s'exprimer ainsi, elles ont été puissantes et respectées.

Rome est tombée le jour où ses citoyens ont abandonné « **le Champ de Mars** », le jour où le service militaire n'a plus été considéré comme un devoir et un honneur. De ce jour ont commencé pour elle les dictatures militaires.

« Pour que celui qui exécute ne puisse pas opprimer, il faut que les armées qu'on lui confie soient peuple, et aient le même esprit que le peuple, comme cela fut à Rome jusqu'au temps de Marius. »

Or, l'armée vient-elle du peuple, et retourne-t-elle au peuple après un temps très court passé sous les drapeaux ? Sans doute, mais on objectera : Et les chefs ?

2° Le corps des officiers constitue une caste privilégiée...

Les officiers recrutés dans les classes aisées sortent des écoles spéciales, ce sont des privilégiés qui n'ont point passé par la caserne.

C'est inexact pour beaucoup d'entre eux, et pour les autres leur privilège a consisté à subir un régime autrement pénible que celui de la caserne.

Demain, du reste, ces récriminations peu justifiées ne le seront point du tout. (Loi du 21 mars 1905.)

Mais d'autres griefs subsistent : le peuple a confiance dans l'avenir, les officiers sont mécontents et regardent avec regret vers le passé.

C'est vainement pourtant qu'on a cherché à exploiter leur mauvaise humeur passagère devant les lenteurs de l'avancement (12 ou 14 ans dans le même grade), leur dégoût devant les critiques injustes dont ils ont été quelquefois l'objet. On a même parlé d'un divorce moral entre l'armée et la nation.

Sans doute, l'officier ayant une mission spéciale, mène une vie spéciale. Il doit vivre avec ses soldats, tandis que les autres citoyens vivent en relations quotidiennes, dans l'intérêt même de leurs affaires. Mais ce divorce n'est qu'apparent. En raison même de son rôle d'éducateur, l'officier ne peut pas et ne doit pas ignorer les courants qui agitent son pays. Pour les connaître, il n'a pas besoin de se montrer dans les réunions publiques ou de fréquenter le café, pour justifier ainsi certaines critiques qu'on semble regretter de ne pouvoir plus faire.

Enfin, ce divorce n'est qu'apparent, et l'union la plus parfaite a toujours régné entre les officiers et les autres citoyens, quand elle a eu pour objet de faire produire l'effet utile maximum aux sacrifices que s'impose le pays dans l'intérêt de son armée. (Instruction primaire, foyers du soldat, enseignement professionnel, etc....)

SECTION III

La question sociale à la caserne. — Le milieu militaire est essentiellement favorable à la paix sociale. — Nécessité pour l'élite de la jeunesse de donner à la caserne l'exemple du plus grand désintéressement, en collaborant à l'instruction et à l'éducation du peuple. — Les liens de la camaraderie militaire en seront fortifiés et se prolongeront dans la vie civile par l'union des citoyens.

Le milieu militaire est essentiellement favorable à la paix sociale. Des citoyens que des rivalités d'intérêt, des passions politiques ou religieuses, auraient peut-être à jamais séparés, vont pendant deux ans se rapprocher, se connaître et s'estimer. Désormais, avant de se jeter dans la lutte pour la vie, toute notre jeunesse aura vécu d'une vie simple et régulière, sans excès de bien-être et sans misère. Débarrassée des soucis matériels de l'existence, elle aura reçu des notions pratiques de désintéressement et de sacrifice. Cette fusion des classes se fait au nom d'un idéal commun à défendre, cette éducation se donne à un âge où il est facile d'étouffer l'égoïsme chez les uns, de faire oublier aux autres les paroles de haine et d'envie qu'ils ont déjà peut-être entendues.

A la caserne, l'ouvrier et le paysan vont fraterniser avec les fils du patron ou du propriétaire, le riche et le pauvre vont vivre de cette vie commune où les paroles et les actes de chacun sont réellement soumis au jugement de tous. Aussi serait-il imprudent d'oublier que, si hier notre jeunesse riche et cultivée vivait à part (peloton des dispensés), ignorée de la masse des soldats qu'elle ignorait elle-même, il n'en sera plus ainsi ; et d'une façon impérieuse s'imposent pour elle des obligations qui peuvent paraître sévères à 20 ans. Mais noblesse oblige, et si l'élite veut sortir grandie de cette épreuve, elle devra donner l'exemple de l'obéissance à l'autorité militaire, apporter un soin scrupuleux dans l'accomplissement de tous ses devoirs. Pour inspirer le respect des autorités sociales, il faut que tous ceux qui seront appelés à commander dans la vie civile, donnent l'exemple de la soumission ; ils fortifieront ainsi, mieux que par des discours, la nécessité de la hiérarchie civile, s'étant inclinés devant la hiérarchie militaire. Mais cela ne suffirait point, et pour gagner l'estime et l'affection de leurs camarades déshérités, les plus heureux devront se dévouer aux œuvres sociales qui sont entreprises à la caserne (instruction primaire, coopératives de consommation, lutte contre l'alcoolisme et la dépopulation des campagnes, mutualité sous toutes ses formes, etc...).

Du reste, à ce sujet, les conseils ne leur font point défaut, et hier encore nous entendions leur en donner du haut de la chaire d'une de nos Facultés :

« Et quand vous aurez reçu de vos maîtres le pain de l'esprit, partagez-le généreusement, ainsi que le pain du corps, avec ceux de nos frères que le souci du gain journalier voue aux tâches pénibles et obscures, afin d'éclairer leurs ténèbres et d'apaiser leur cœur, s'il est possible, en les élevant à la fois à plus de lumière et à plus de bien-être. Faites, en somme, que rien de ce qui est français, du plus grand au plus petit, ne vous soit étranger ni indifférent (1). »

Ces conseils ont déjà porté leurs fruits, et pour les sceptiques, pour ceux qui prétendent que le temps fait défaut à la caserne pour s'occuper de l'instruction et de l'éducation du soldat, que tout le monde n'a pas le don de la parole, etc., nous croyons devoir citer l'heureuse initiative suivante provoquée par des conférences morales.

Les recrues viennent d'arriver, les dispensés sont encore dans leur compagnie ; une après-midi par semaine est consacrée dans l'infanterie aux travaux de propreté et de couture.

Malgré l'inspection qui sanctionne ces travaux, nous avons voulu nous rendre compte si les attractions de la cantine n'étaient pas

(1) *La Nation*. — Discours prononcé par M. Turgeon, professeur d'Economie politique à la Faculté de Droit de l'Université de Rennes.

encore plus grandes que celles de la couture. Et nous nous sommes dirigé vers l'une des chambres de notre compagnie. Dès le seuil, nous sommes surpris du calme qui règne ; les hommes tirent l'aiguille groupés autour d'un de leurs camarades qui cause avec chaleur. L'attention des auditeurs est telle, que notre présence n'a pas été signalée par le « Fixe » réglementaire, et nous avons pu entendre un étudiant en droit faire à ses camarades une causerie sur la dépopulation des campagnes. Dans une autre chambre, c'est un étudiant en médecine qui se sert d'affiches anti-alcooliques pour exposer à ses camarades les ravages de l'alcool. De cette façon, c'est l'esprit en éveil que les travaux manuels ont été exécutés, la chambre n'a pas été désertée pour la cantine ; l'inspection n'a pas donné lieu à des reproches, et deux soldats, assez surpris du reste, ont reçu des félicitations bien méritées.

Cependant nous entendons dire autour de nous : c'est introduire dans l'armée l'abus de la conférence, la manie de la parole... Lorsqu'une propagande active et coupable jette le trouble dans de jeunes esprits, est-il permis de laisser dire, de laisser faire, de se renfermer dans un silencieux mépris ? Le bon exemple de sa vie et la pratique des saines doctrines ne suffisent plus. A l'action, il faut répondre par l'action : aux jeunes gens instruits, il faut apprendre à propager la vérité, afin de les opposer aux adeptes de l'erreur et du mal.

Le célèbre écrivain russe Tolstoï écrit dans l'*Humanité nouvelle* (p. 243) qu'il faut refuser le service militaire parce que « Tout homme ne peut espérer que sa vie ne sera pas sans but, mais sera utile à Dieu et aux hommes, et souvent un homme passe son existence entière sans en rencontrer l'occasion. » Cette occasion s'offre à nous en refusant le service militaire... Et vous ne voudriez pas que pratiquement l'accomplissement de leur service militaire ne devienne pour tous les jeunes Français l'occasion de coopérer à une œuvre sociale d'apaisement et d'union entre tous les citoyens ?

Encourageons donc les plus instruits à partager fraternellement « le pain de l'esprit » avec ceux qui n'en connaissent pas la saveur ; laissons-les faire de ces causeries qui peuvent donner les meilleurs résultats. Sans doute les sujets des entretiens doivent être soigneusement choisis et leur développement confié seulement à des jeunes gens désintéressés, convaincus qu'ils doivent à la caserne se dévouer aux humbles et aux déshérités. Il serait coupable, croyons-nous, de convier à l'œuvre éducatrice entreprise par l'armée ceux qui verraient dans cette collaboration une occasion pour se faire accorder des permissions ou des exemptions de service. Pour être un bon éducateur, il faut donner l'exemple du désintéressement ; pour conquérir l'estime et l'affection de ses camarades, il faut partager avec eux sans compter, non seulement les fatigues et les privations des manœuvres, mais encore les corvées parfois plus pénibles de la vie quotidienne. A la caserne plus qu'ailleurs, les conférences imposent à leurs auteurs l'obligation de mettre leurs actes en harmonie avec leurs paroles. Or, notre jeunesse instruite a des idées généreuses de fraternité et de solidarité. La laisser répandre autour d'elle ces nobles sentiments, n'est-ce pas l'incliner vers le strict accomplissement de tous ses devoirs militaires ? Aussi, dans ce sens, faut-il utiliser toutes les bonnes volontés, employer, dans l'intérêt de tous, les compétences particulières que le service militaire obligatoire groupe à la caserne. En particulier la causerie faite par un soldat peut avoir une heureuse influence sur l'esprit de ses camarades, lorsqu'à la familiarité d'un égal, il peut joindre l'autorité que donnent l'instruction et l'éducation ; surtout s'il est animé de ce désir de convaincre qui fait trouver les mots et les images de nature à frapper les esprits les plus simples. Du reste tous ces avantages ont été signalés à l'attention des chefs militaires par M. Berteaux, ancien Ministre de la Guerre (Circulaire ministérielle relative à l'éducation morale et intellectuelle du soldat, du 9 octobre 1905).

« J'appelle d'une façon toute particulière l'attention des officiers sur le parti qu'ils peuvent tirer de la présence dans leur unité de jeunes gens instruits, dont ils pourront se faire de précieux auxiliaires. A cet effet, dès leur arrivée, ils leur diront ce qu'ils attendent d'eux ; ils feront appel à leur conscience et à leur cœur ; ils leur montreront l'heureuse influence qu'ils sont à même d'exercer sur leurs camarades, non seulement en partageant pour ainsi dire avec eux les connaissances qu'ils ont acquises, mais encore par leur manière de servir, et surtout en donnant, en toute circonstance, l'exemple de l'égalité devant le devoir.

« Associés à une tâche aussi élevée, ces jeunes gens s'y intéresseront et seconderont puissamment l'action éducatrice de leur officier. Plus ils s'emploieront dans ce sens auprès de camarades moins favorisés sous le rapport de l'instruction, plus ils découvriront chez eux des qualités de volonté, de droiture, de dévouement, et aussi une notion plus exacte des difficultés de la vie, dont ils pourront à leur tour faire leur profit.

« Cet échange constant d'impressions entre jeunes gens appartenant à toutes les conditions sociales, produira de féconds résultats. Le moins qu'on en puisse espérer, c'est d'apprendre aux uns et aux autres à se mieux connaître, par suite à s'estimer et à s'aimer davantage. »

Ce que l'on nous demande donc, dès l'arrivée des recrues à la caserne, c'est de rapprocher entre eux tous ces inconnus, de lutter contre ces tendances qu'ont, dès les premiers jours, les jeunes soldats à se grouper par catégories. Dès le lendemain de leur arrivée en effet, sur la place d'exercice, pendant les repos, ceux qui hier portaient la casquette de l'ouvrier ou la blouse du paysan, causent entre eux, tandis que les jeunes gens de la classe aisée semblent se rechercher. Réunir souvent les soldats et les forcer, pour ainsi dire, à se considérer comme appartenant à une même famille où les aînés ont des devoirs envers leurs cadets, n'est-ce pas créer des liens favorables au développement de la fraternité et de la solidarité militaires ?

Sans doute, l'échange quotidien de services réciproques montre aux hommes d'une même chambre qu'ils ont besoin les uns des autres, et, dès lors, se forme cette camaraderie militaire qui devient définitive après les fatigues et les privations partagées aux grandes manœuvres.

Cette harmonie et cette bonne entente qui ne cessent de régner entre nos soldats pendant les manœuvres d'automne, c'est-à-dire au seuil même de la vie civile, nous semblent des gages précieux en faveur de l'union des citoyens. Plus que jamais, grâce à l'extension du recrutement régional, les camarades de régiment se retrouveront demain aux prises avec les difficultés de l'existence. Ne peut-on pas espérer que le souvenir du régiment, le souvenir des joies et des peines communes les réunissent encore pour partager celles de la vie ? Enfin, s'étant connus, ayant appris à s'estimer à s'aimer, ne peut-on pas espérer que les relations civiles y gagnent en souplesse et en cordialité.

CONCLUSIONS

Trop souvent, on ne voit que les inconvénients de la vie militaire, et l'on oublie tout le bien qu'elle fait, tant on y est habitué. Tous ceux qui accusent la caserne, ne sont donc pas entièrement responsables de ce dédain blâmable et anti-patriotique qu'ils affichent pour tout ce qui est militaire. Beaucoup d'entre eux confondent, en effet, la brutalité du sabre avec la noblesse de l'épée, la servitude avec l'obéissance consciente, volontaire et réfléchie, le caporalisme grossier avec la discipline, le militarisme avec nos institutions militaires. Or, tandis que le militarisme ne peut produire que des effets nuisibles, puisque c'est la dégénérescence de l'esprit militaire, l'exercice de l'autorité dans le but de satisfaire des vues ou des ambitions personnelles, il n'en est point de même de nos institutions militaires basées sur le principe du sacrifice des intérêts individuels aux intérêts supérieurs de la collectivité. En France, le problème du militarisme ne se pose point, et il nous semble étrange d'entendre dire encore dans notre pays : « Le militarisme est un mal, mais c'est un mal nécessaire. » Expressions inconsidérées, propres à fausser la notion du devoir militaire dont l'honnête accomplissement fortifie le corps, élargit le cœur, aiguise l'intelligence, équilibre la raison !

La vie militaire produit les meilleurs résultats aux points de vue *physique*, *moral*, *intellectuel* et *social*, et malgré les très graves inconvénients qui en résultent au point de vue *économique*, une balance s'établit en sa faveur.

I. — AU POINT DE VUE PHYSIQUE

La vie militaire développe par un entraînement quotidien et progressif l'endurance, la vigueur et l'activité de la jeunesse française. En particulier, les ouvriers et les paysans sont soumis à la caserne à une hygiène plus régulière, à une alimentation meilleure que celles de la mansarde ou même de la ferme, tandis que les jeunes gens de la classe aisée cessent de connaître ces défaillances physiques provoquées par le surmenage intellectuel ou les excès du bien-être. Aussi, confiants dans les forces nouvelles acquises par la pratique des exercices physiques, c'est, en général, l'allure dégagée, la face éclairée, la tête haute, que les soldats quittent la caserne pour reprendre leurs travaux habituels. Et puisque cette plus-value de force physique doit être transmise aux générations futures, il faut la conserver avec un soin jaloux, et ne pas négliger de faire les sacrifices nécessaires pour fermer la porte de la caserne à tous les germes morbides qui ont une tendance à se développer au sein des collectivités. Or, nous avons montré que dans ce sens des progrès ont été réalisés, que, de plus en plus, des exercices à l'extérieur éloignent les soldats des foyers de contagion de nos villes, en même temps qu'ils permettent de les instruire en vue de la guerre, dont la préparation doit faire le principal objet de nos préoccupations. D'autre part, nous avons constaté que la tuberculose, l'alcoolisme, les maladies vénériennes, dont la menace constitue un véritable danger pour notre société actuelle, trouvent dans une vie régulière, consacrée à une culture physique, intensive, non seulement des remèdes préventifs, mais souvent même des remèdes curatifs. Peut-on, dès lors, nier l'heureuse influence de la vie militaire sur l'avenir de la race ?

II. — AU POINT DE VUE MORAL

La caserne est l'école du vice.....

La lutte entreprise à la caserne contre l'alcoolisme et les maladies vénériennes est de nature à provoquer chez les individus des sentiments de dignité et d'honnêteté. Sans doute, la vie militaire met en contact des forces malfaisantes et des forces extrêmement précieuses. Mais les bons éléments dominent les mauvais, et peu à peu l'esprit de tous s'imprègne de la notion du devoir, de la responsabilité de chacun vis-à-vis de tous, dans une école où l'on parle plus de devoirs que de droits, où l'on enseigne les notions généreuses de dévoûment et de sacrifice, où l'œuvre de la mutualité a trouvé de si fervents apôtres.

De plus en plus la caserne est devenue une école de morale en action dont les enseignements complètent ceux que l'on donne à l'école ou dans la famille. Et l'on ne saurait attribuer trop d'importance à ce rôle éducatif de l'armée, tant au point de vue social qu'au point de vue militaire, puisque les forces morales constitueront les facteurs les plus puissants des succès de notre armée. Aussi nos réglements insistent sur la nécessité de porter au niveau le plus élevé les forces morales du soldat ;

« L'*Honneur*, le *Patriotisme* inspirent les plus nobles dévoûments ; l'*esprit de sacrifice* et la *volonté de vaincre* assurent le succès ; la *discipline* et la *solidarité* garantissent l'action du commandement et la convergence des efforts (1). »

Non, la caserne n'est pas l'école du vice... C'est une école de préservation et d'amélioration morales, un foyer d'idées ardentes et généreuses, où les hommes deviennent meilleurs, puisqu'ils apprennent à devenir sévères pour eux-mêmes, bons et indulgents pour les autres.

III. — AU POINT DE VUE INTELLECTUEL

Le nombre des illettrés que la caserne reçoit annuellement, montre combien l'ignorance persiste au sein des classes rurales. A la caserne, tous ces déshérités reçoivent l'instruction primaire, tandis que par l'enseignement professionnel, agricole et industriel, on s'efforce de donner aux ouvriers des champs comme aux ouvriers des villes des notions simples et pratiques sur leur profession, afin de combattre la routine et les préjugés qui s'opposent aux progrès économiques. Peut-on nier que dans notre région, par exemple, il ne soit urgent de donner au

(1) Titre V. — *L'Infanterie dans le combat* (p. 73).

paysan des notions élémentaires d'hygiène, de médecine vétérinaire, d'économie rurale et domestique, etc. ! Et pour donner satisfaction à ceux qui prétendent que la caserne n'est pas une école, faut-il renoncer à réhabiliter les travaux des champs, à rendre moins séduisantes les tentations de nos villes ? C'est donc en vue des difficultés pratiques de l'existence que tend à s'exercer à la caserne l'action intellectuelle. Enfin pour débrouiller l'intelligence populaire, l'officier trouve dans sa compagnie de sérieux collaborateurs. Des entretiens familiers, des conférences ouvrent l'intelligence des uns, permettent aux autres de fortifier dans leur esprit les connaissances déjà acquises. Ainsi se développe chez tous le goût de l'étude et de la réflexion, l'influence moralisatrice de l'instruction se fait sentir, les loisirs du soldat sont occupés et, de plus en plus, les cabarets et les lieux de débauche sont abandonnés pour les cours d'adultes, les séances instructives et récréatives, les salles de lecture, les foyers du soldat.

IV. — AU POINT DE VUE ÉCONOMIQUE

Sans doute, l'entretien des grandes armées permanentes présente des inconvénients ; mais n'y a-t-il rien au compte créditeur qui puisse relever la balance en sa faveur ?

Telle est la question que se pose M. Izoulet, et nous ne saurions mieux faire, avec lui, que de laisser répondre un Anglo-Saxon, un Américain du Nord, un homme qui n'est ni un apeuré de tempérament, ni un alarmiste de profession, mais un brave soldat et un sobre penseur, *Alfred Mahan*.

« N'est-ce rien, à une époque où l'autorité va s'affaiblissant et la contrainte sur soi se relâchant, n'est-ce rien, que la jeunesse d'une nation passe à travers une école où l'on enseigne l'ordre, l'obéissance, le respect ; où on développe systématiquement le corps ; où on inculque l'idéal de renoncement, de courage, de virilité ; et tout cela, nécessairement, parce que ce sont là les conditions fondamentales du succès militaire ?

« N'est-ce rien que des masses de jeunes gens tirés des champs ou des rues, soient réunis ensemble, mêlés à d'autres ayant de plus hauts antécédents intellectuels, dressés à travailler ensemble et à agir ensemble, l'esprit en contact avec l'esprit et rapportant dans la vie civile ce respect pour l'autorité constituée dont il est besoin d'une façon si urgente..... ?

« N'est-ce rien que les guerres soient moins fréquentes, la paix mieux assurée, par le mutuel respect des nations pour la force l'une de l'autre.... ? (1) »

V. — AU POINT DE VUE POLITIQUE ET SOCIAL

Les deux excès contre lesquels la démocratie doit se mettre en garde sont la chimère et la violence ; l'instruction ne suffit pas, il faut y joindre la moralisation des adultes. Or, nous avons montré que la vie militaire est moralisatrice, qu'elle rapproche les individus, fait comprendre aux uns que la richesse ou l'instruction impose des devoirs moraux, aux autres qu'on ne peut tout recevoir sans rien donner, enfin que les réformes et le progrès se réalisent par un juste équilibre entre la liberté et l'autorité. A la caserne, la nécessité d'une règle, la nécessité de la discipline pour coordonner les efforts, obliger les forts à respecter les faibles, s'impose à l'esprit de tous. Aussi la démocratie ne pouvait-elle être mieux inspirée en forçant toute sa jeunesse à vivre pendant deux ans dans une école au seuil de laquelle s'effacent les rivalités d'intérêt, s'émoussent les appétits de jouissance. A la caserne, l'égoïsme et l'envie font place au dévoûment, à la fraternité, et c'est dans le désintéressement que se forment les liens de la camaraderie militaire dont le souvenir peut contribuer à ramener l'apaisement dans les esprits, l'union et la concorde entre tous les Français.

(1) *Le salut de la race blanche et l'empire des mers*, A. Mahan. Traduction, sommaires et introductions par Jean Izoulet.

TABLE DES MATIÈRES

CHAPITRE II

CHAPITRE III

CHAPITRE IV

6-06. — Saint-Brieuc. Imprimerie René PRUD'HOMME.

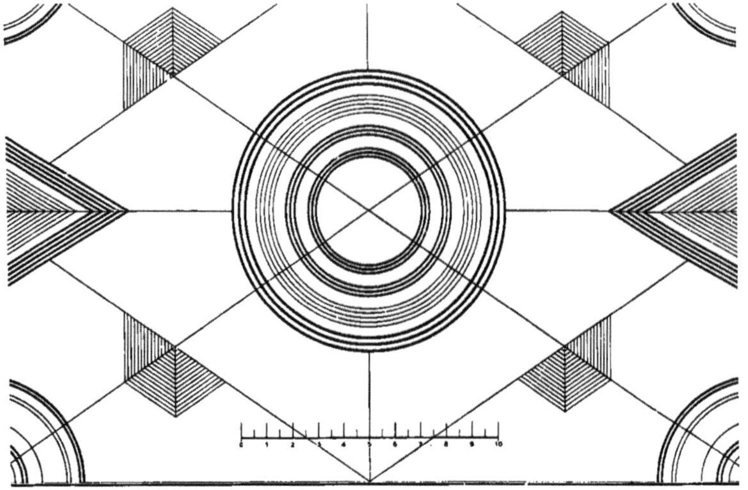

www.ingramcontent.com/pod-product-compliance
Ingram Content Group UK Ltd.
Pitfield, Milton Keynes, MK11 3LW, UK
UKHW020202200726
13856UKWH00003B/1156

9 782013 561006